易经

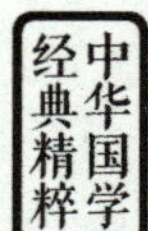

周鹏鹏 译

图书在版编目（CIP）数据

易经 / 周鹏鹏译 . —北京：北京联合出版公司，2015.7（2022.8 重印）

（中华国学经典精粹）

ISBN 978-7-5502-4371-2

Ⅰ . ①易… Ⅱ . ①周… Ⅲ . ①《周易》—通俗读物 Ⅳ . ① B221-49

中国版本图书馆 CIP 数据核字（2014）第 313647 号

易经

作　　者：周鹏鹏
责任编辑：崔保华
封面设计：颜　森

北京联合出版公司出版
（北京市西城区德外大街 83 号楼 9 层　100088）
北京华夏墨香文化传媒有限公司发行
三河市东兴印刷有限公司印刷　新华书店经销
字数 130 千字　880 毫米 ×1230 毫米　1/32　5 印张
2019 年 5 月第 3 版　2022 年 8 月第 17 次印刷
ISBN 978-7-5502-4371-2
定价：36.00 元

前言

在儒家经典中，《易经》被尊为“六经之首”，尊享着无比崇高的地位；而在道家经典中，《易经》也享有同样崇高的地位，被道家奉为“三玄之冠”，真正算得上是“群经之首，大道之源”。

作为华夏文明长河中智慧与文化的结晶，经过五千年的发展，《易经》已经成为我们生活各个方面的重要元素符号，深深地影响着我们的生活。

《四库全书总目提要》对于《易经》，曾给出这样的定位：“易道广大，无所不包，旁及天文、地理、乐律、兵法、韵学、算术，以逮方外之炉火，皆可援易以为说。”可以说，无论从广度还是深度上讲，《易经》的影响都是世所罕见的，也从来没有一部著作能够产生如此广泛而重要的影响。

数千年来，中国的文人学士们都将《易经》作为一部值得日日、时时研读的经典，研习并遵从其中的道理。大儒孔子说，“居则观其象而玩其辞，动则观其变而玩其占”；唐代虞世南说“不读《易》不可为将相”；大医学家孙思邈说“不知《易》便不足以言知医”；宋人叶采也曾讲，“双双瓦雀行书案，点点杨花入砚池。闲坐小窗读《周易》，不知春去几多时”，足见《易经》对后世人的重大影响和吸引力。

然而，真正能够参得透、讲得清这本书的人，实是少之又少。从古至今，关于《易经》的论著浩如烟海，每家都从自身感受的角度出发，试图解读《易经》中蕴含的观点，但鲜有成功者。就此，宋代理学大师朱熹曾说，“《易》难看，不比他书”，同时又说“是圣人事，非学者可及也”。

具体来说，《易经》以眼花缭乱的八卦、六十四卦符号为载体，并配合晦涩艰深的卦辞、爻辞阐述世事、事理，文辞艰涩。虽然以卦爻为工具和载体，但《易经》并不是一部关于卜筮的作品，而更像是古人关于世界、人生体悟的综述，旨在引导人们重新认识自身所生活的这个世界，进而体悟它深蕴的哲学，获得源源不断的生活智慧和前进动力。

可以说，连朱熹这样的大家都连呼“《易》难看”，更不要说对传统文化知之甚少的现代人了。这也就难怪一些现代人将《易经》视作一部“天书”。

鉴于此，我们精选古本正源，并兼采众家著作，经过精心审校，以文白对照的形式，再现这部伟大著作的精华。本书按照《易经》六十四卦的顺序，每卦独成一节，以原文、注释、译文三个板块的形式，在力求保持《易经》原有意味的基础上，努力在读者和原著之间搭建一座桥梁，以期每一个现代人都能读出《易经》中的思想韵味。

《易经》在流传过程中是一本卜筮之书，在孔子对其进行解释之后，又成为一部儒家经典，渗透着儒家“仁义礼智信”的思想内容。本书在整理过程中，主要参考了朱熹的《周易本义》，以及金景芳、吕绍纲先生的《周易全解》，同时参考周振甫先生《周易译注》的部分观点，着重思想性的解读，淡化其卜筮的功能，希望能给读者更多为人处世的启发。

《易经》流传千年，难免有各种各样甚至互相矛盾的解读，本书在博采众家思想的基础上，力求做到前后思想一致、明晰，但由于译注者水平有限，总会出现内容不够精准到位，或者是出错、疏漏的问题，万望读者朋友们批评指正，我们将不胜感激。

目录

上经

下　经

上 经

乾【卦一】乾为天

乾下乾上

【原文】

乾[1]，元亨利贞[2]。

初九[3]：潜龙，勿用[4]。

九二：见龙在田[5]，利见大人[6]。

九三：君子终日乾乾[7]，夕惕若，厉，无咎[8]。

九四：或跃在渊[9]，无咎。

九五：飞龙在天，利见大人。

上九：亢龙，有悔[10]。

用九：见群龙无首[11]，吉。

【注释】

①乾:《易经》的六十四卦全部由两副卦象上下组合而成,下为内卦,上为外卦。乾,健,象天。 ②元亨利贞:可概括为"元亨""利贞",是两个表示吉祥的"贞兆辞"。元,开始。亨,通。利,适宜。贞,正而固。 ③初九:与"九二""九三""九四""九五""上九"等一起表示本卦的第一爻至第六爻,指的是爻位的阴阳性和排列顺序。在《易经》中,每个卦画都由六爻组成,从下向上依次排列,这里的"初""二""三""四""五""上"表示的是从下往上的顺序。九,代表阳性"⚊","六"代表阴性"⚋"。 ④潜龙:指龙潜藏。勿用:不可施

用。⑤见：通“现”，出现。田：田地。⑥大人：指德才兼备并身居高位的人。⑦君子：这里指的是有才德的贵族。乾乾：勤勉努力的样子。⑧夕：夜晚。惕：安闲休息。厉：形容危险的情况。咎：小的过失或灾难。⑨或：未定之辞。渊：深潭。⑩亢：过而不能。有悔：悔恨，指不吉利的占筮、卜象。⑪群龙无首：宋代程颐将“无首”解释为无自为首，意思是刚健的英雄人物不要自为天下之首，要天下人推举其为首，才吉利。

【译文】

乾卦包含万物的开始、亨通、适宜、贞正四个方面的意义。

初九爻，就像龙潜藏于水中，还不能急于动作。

九二爻，水中的龙到了田野上，有利于拜见贵人。

九三爻，君子要整天戒慎恐惧、勤奋不懈，晚上要安闲休息、因时而止，以保证即使遇到险境，也能平安无事。

九四爻，龙或跳跃离渊，或安居深潭，（随时进退），这种情形没有过错。

九五爻，龙已经飞上天空，有利于见有道德并居于高位的人。

上九爻，龙已经飞得太高，有悔恨之事。

用九爻，群龙相聚而无人以首领自居，是大吉的象征。

【原文】

《彖》①曰：大哉乾元②！万物资始③，乃统天④。云行雨施，品物⑤流形⑥。大明⑦终始，六位⑧时成，时乘六龙⑨以御天。乾道变化，各正性⑩命。保合大和⑪，乃利贞⑫，首出庶物⑬，万国咸⑭宁。

【注释】

①《彖（tuàn）》：即《彖传》，是对卦辞进行解释的话，相传为孔子所作。②乾元：天的元气。③资始：依赖其开始。资，凭借、依赖。始，初始、开始。④统天：犹言“统属于天”，受天的统率。统，统率。⑤品物：指世间繁华的万物。⑥流形：像流水一样可以变动成形。⑦大明：太阳是天上最光明的事物，所以被古人称为“大明”。⑧六位：指上、下、东、西、南、北六个方位，也用来指乾卦的六爻。⑨六龙：这里紧承

前句，也是喻指乾卦的六爻，意在说明六爻的变动就像是六龙按时御天一样。⑩性：这里指属性、活性。⑪大和：也就是“太和”，指的是冲和之气，其最佳状态在于和谐与协调。⑫贞：正。⑬庶物：万物。⑭咸：皆，都。

【译文】

《彖传》说，真是伟大啊！天的元气，为世间万物提供了演变的初始条件，是属于天的。于是，流云、降雨、万物繁衍，便有了具体的形态。太阳终而复始地升降运行，上下四方的方位形成，按时驾驶六条龙所驾之车在天空中运行。天道的这种变化，使得万物各自端正自己的性命。保持住天地冲和之气，有利于守持正固。天地生出万物，各国都安宁祥和。

【原文】

《象》①曰：天行健，君子以自强不息②。“潜龙勿用”，阳在下③也。“见龙在田”，德施普④也。“终日乾乾”，反复道⑤也。“或跃在渊”，进无咎也。“飞龙在天”，大人造⑥也。“亢龙有悔”，盈不可久⑦也。“用九”，天德不可为首也。

【注释】

①《象》：也就是《象传》，是解释卦爻的一种辞。古时将对卦辞的解释叫“大象”，将对爻辞的解释叫“小象”，是“形象”“象征”的意思。《象传》通过对上下相叠的两个八卦进行分析，得出它们之间的关系，进而指导人事。②自强不息：就是自我激励，自我找寻永远向上的力量。③阳在下：指的是乾卦的最下一爻——初九爻，此时代表事物还处在很弱小的阶段，无法经受风霜的考验。④德施普：形容事物生长就像庄稼刚从土里冒出芽来，享受着阳光雨露无所不在的恩泽。德，这里指生养之德。施普，即“普施”，广泛地给予。⑤反复道：反反复复都合于道。⑥造：帮助。⑦盈不可久：过于满了就不会太长久。盈，满。

【译文】

《象传》说，天体周而复始地运行着，永不停息。君子要像天体的运行一样自强不息。（初九爻）“潜龙勿用”，阳气还潜伏在地下，（所以要隐居不出）。（九二爻）“见龙在田”，（大人出世），遍施恩德。（九三爻）“终日乾乾”，反反复复都合于天道。（九四爻）“或跃在渊”，前进没有害处，（但不能冒进）。（九五爻）“飞龙在天”，比喻大人（有君德与君位）可以有所作为。（上九爻）“亢龙有悔”，其实是因为认识到“盈不可长久”的道理。用九，说明天的美德在于不能自居首位，（因天德动静无端、阴阳无始、互相转化，不偏于一端）。

【原文】

《文言》[①]曰：“元”者，善之长[②]也；“亨”者，嘉[③]之会也；“利”者，义之和[④]也；“贞”者，事之干[⑤]也。君子体仁[⑥]足以长人，嘉会足以合礼，利物[⑦]足以和义，贞固[⑧]足以干事。君子行此四德者，故曰“乾：元亨利贞”。

【注释】

①《文言》：又称为《文言传》，是乾卦和坤卦独有的部分。《文言》从理论上对乾、坤两卦爻辞进行解释和发挥，从而引出了伦理学的概念和范畴。②长：首长，首领。③嘉：形容“大美”。④和：相应，呼应。⑤干：主干，（做事的）根本。⑥体仁：即“以仁为体”的意思，也就是说个人立身处世的出发点。⑦利物：有利于人、物。⑧贞固：坚固的意思，也就是“坚定地守持正道”。

【译文】

《文言》说：“元”是善之首，“亨”是各种美好事物的集合，“利”是诸多义的应和，“贞”是做事取得成功的根本。君子体会到仁义的含义就足够号令大众，聚集起各种美德就足够符合礼义规范，对人与物有利就能够与义相应和，坚守正道就足够成就事业根基。君子身体力行地彰显这四种美德，所以说（他们就如同）乾卦的卦象所蕴含的哲理，具有“开始、亨通、适宜、贞正”的品德。

【原文】

初九曰“潜龙勿用”，何谓也？子曰：“龙，德而隐者也。不易乎世，不成乎名，遁世无闷，不见是而无闷，乐则行之，忧则违[①]之，确乎其不可拔[②]，‘潜龙’也。”

九二曰“见龙在田，利见大人”，何谓也？子曰：“龙，德而正中[③]者也。庸言之信，庸行之谨，闲[④]邪存其诚，善世[⑤]而不伐[⑥]，德博而化。《易》曰‘见龙在田，利见大人’，君德也。”

九三曰“君子终日乾乾，夕惕若，厉，无咎”，何谓也？子曰：“君子进德修业。忠信，所以进德也；修辞立其诚，所以居业也。知至至之[⑦]，可与言几也；知终终之[⑧]，可与存义也。是故，居上位而不骄，在下位而不忧。故乾乾因其时而惕，虽危无咎矣。”

九四曰“或跃在渊，无咎”，何谓也？子曰：“上下无常[⑨]，非为邪[⑩]也；进退无恒，非离群也。君子进德修业，欲及时也，故无咎。”

九五曰“飞龙在天，利见大人”，何谓也？子曰：“同声相应，同气相求。水流湿，火就燥；云从龙，风从虎。圣人作而万物睹。本乎天者亲上，本乎地者亲下，则各从其类也。”

上九曰“亢龙有悔”，何谓也？子曰：“贵而无位，高而无民。贤人在下，位而无辅。是以动而有悔也。”

【注释】

①违：回避，避让。②拔：移动，挪动。③正中：中正之道。④闲：防止，预防。⑤善世：指引导世人变好。善，这里为名词用作动词，意为“引导……行善”。⑥伐：夸赞，夸耀。⑦知至至之：知道进德的程度就努力达到它。前一个“至”，名词，意为“发展”“程度”，后一个“至”为动词，达到、实现的意思。⑧知终终之：知道修业能达到的结果，就努力实现它。前一个“终”字，名词，指结果、方式，后一个“终”字为动词，指达到、实现。⑨上下无常：与“进退无恒”形成互文用法，

指的是第四爻位的地位非常灵活，位置也可上可下，可以依据情况的不同决定上下、进退的状态，没有常规可循。常：常规，恒定。⑩非为邪：此句与“非离群”形成互文用法，指的是九四爻的位置上下进退，可以顺从形势的需要，意为“不是为了私人的欲望，也不是要脱离众人”。

【译文】

初九的爻辞说：“潜龙勿用”，这是什么意思呢？孔子说：“这时候的龙指那些隐居起来的有才德的君子。他们的操行非常坚定，不为世俗而转移，不追求名声，远离世事而没有苦闷，没有因为言行不受世人赏识而感到烦恼。他们对喜欢做的事情就积极地去实现，对可忧虑的事情就避开，坚守自己的正道而不为外物所动，这就是潜龙！”

九二的爻辞说：“见龙在田，利见大人”，这是什么意思呢？孔子说：“这里的龙，指的是那些有德行并坚守中正之道的君子。他们平常注重诚信，并且行为谨慎。阻止邪恶的侵蚀，坚守忠诚的品格，引导世人为善但从不自我夸耀，只用博大的德行来感化人民。《易》说‘见龙在田，利见大人’，是君子的美德。”

九三的爻辞说：“君子终日乾乾，夕惕若，厉，无咎”，这是什么意思呢？孔子说：“君子该培育品德、治理事业。讲求忠信才能提高品德修养。修饰言辞，确立诚实的品德，才能治理好事业。知道（进德的程度）而努力达到它，就距离自己的目标不远了。知道（修业所能达到的）结果就实现它，就可以守义不变了。因此，居于上位而不骄傲，处在卑微的位置而不感到忧愁。所以，君子白天始终保持勤奋，到了夜晚该休息时休息，即使处在危险的境地中也不会招致灾害。”

九四的爻辞说“或跃在渊，无咎”，这是什么意思呢？孔子说：“像龙一样或上或下，没有一定，这不是为了邪僻；或进或退，不是要离开群众。就好像君子进德修业，要随时准备有所作为，所以能够避免灾祸。”

九五的爻辞说："飞龙在天，利见大人"，这是什么意思呢？孔子说："如果声息相同就彼此应和，如果气味相投就彼此求助。就像水注定要向湿润的低处流动，火苗要向干燥的地方延伸一样。云跟随着龙，风追随着虎。于是，圣人在这个过程中形成，受到世间万人景仰。在天上的，就附丽于天空。在地上的，就依附于大地。世间万物都按它们自己的类别相从相应。"

上九的爻辞说："亢龙有悔"，这是什么意思呢？孔子说："身份显贵而没有地位，地位崇高但没有人民的支持，就像有才德的人居于下位，没有得到人民的辅助和支持，因此如果妄动就会发生悔恨之事。"

【原文】

"潜龙勿用"，下也。"见龙在田"，时舍①也。"终日乾乾"，行事也。"或跃在渊"，自试也。"飞龙在天"，上治②也。"亢龙有悔"，穷之灾也。乾元③"用九"，天下治也。

"潜龙勿用"，阳气潜藏。"见龙在田"，天下文明。"终日乾乾"，与时偕行④。"或跃在渊"，乾道乃革。"飞龙在天"，乃位乎天德。"亢龙有悔"，与时偕极。乾元"用九"，乃见天则。

《乾》"元"者，始而亨者也。"利贞"者，性情也。乾始，能以美利利天下，不言所利，大矣哉。大哉乾乎！刚健中正，纯粹精也。六爻发挥，旁通⑤情也。时乘"六龙"，以御天也。"云行雨施"，天下平也。

【注释】

①舍：舒展放松。②上治：最好的统治。③乾元：乾即元，是万物始生。④偕行：指相互之间同行并进。⑤旁通：指到处开放、到处通达的样子。

【译文】

（初九爻）"潜龙勿用"，是因为它的地位处于下位。

（九二爻）“见龙在田”，是说处境稍稍宽松、舒展。（九三爻）“终日乾乾”，勤奋地去做事。（九四爻）“或跃在渊”，（或进或退）全由自己试着决定。（九五爻）“飞龙在天”，是最理想的统治。（上九爻）“亢龙有悔”，到了极点，就会有灾祸。天有元德，天有善德，因此至“用九”则有化刚为柔，由阳变阴，阴阳合和，天下安定。

（初九爻）“潜龙勿用”，是因为阳气还潜藏（在地下）。（九二爻）“见龙在田”，是说阳光显现，天下文明。（九三爻）“终日乾乾”，是说该到什么时候就做什么事。（九四爻）“或跃在渊”，是说天道也发生很大的变化。（九五爻）“飞龙在天”，是说处于天德的位置，登上了君位。（上九爻）“亢龙有悔”，是说此时的阳气已达到极盛的状态，（将由盛转衰）。乾有出生万物之德，“用九”能够看到天道运行的规律。

乾卦的“元”，开始化生万物，使之亨通发展。“利贞”，这是万物性情的中正。天开始能将美好的恩泽施撒于天下，让天下得利，却从不让人想起它的恩德，多么伟大啊！伟大的天！刚健又中正，纯粹又精妙。乾卦六个阳爻一起发挥作用，广通于天地万物之性情。就像按时乘着六龙驾驭的车在天空中巡行一样，云儿因此而飘动，雨水因此而下降，给天下万物带来太平。

【原文】

君子以成德为行，日可见之行也。“潜”之为言也，隐而未见，行而未成，是以君子弗用也。

君子学以聚之，问以辨之，宽以居之，仁以行之。《易》曰“见龙在田，利见大人”，君德也。

九三重刚①而不中，上不在天，下不在田②，故乾乾因其时而惕，虽危无咎矣。

九四重刚而不中，上不在天，下不在田，中不在人③，故“或”之。或之者，疑之也，故无咎。

夫大人者，与天地合其德，与日月合其明，与四时合其序，与鬼神合其吉凶。先天[④]而天弗违，后天而奉天时，天且弗违，而况于人乎！况于鬼神乎！

“亢”之为言也，知进而不知退，知存而不知亡，知得而不知丧。其唯圣人乎？知进退存亡而不失其正者，其唯圣人乎！

【注释】

①重刚：指阳刚重合在一起，这是从“九三”的爻象上说的。乾卦的“九二”是阳爻，“九三”又是阳爻，都是表示刚健的爻象，所以说“九三”是“重刚”。②上不在天，下不在田：在复卦的六条爻象中，下卦的两爻是地位的象征，中间两爻是人位的象征，上面两爻是天位的象征。“九三”属于人位，所以说“上不在天，下不在田”。③中不在人：在复卦中，“九四”和“九三”都处在“重刚而不中，上不在天，下不在田”的地位，但二者又有所区别，那就是“九四爻”还有“中不在人”的特征。虽然“九三”“九四”都属人位，但“九四爻”没有与属于地位的“九二”产生联系，形成了“下不落地”的势头，所以说“中不在人”。④先天：指先于天象而出现。

【译文】

君子将自身品德的养成作为个人行为的目的，并且每天都落实在自己的行动上。（初九爻）“潜”的意义，隐伏而没有显露，行动而没有成就，因此君子暂时就不要有所作为。

君子通过不断学习来完成知识的积累，通过诘疑来完成对是非的辨析，用宽容来存心，用仁心来做事。《易》说：（九二爻）“见龙在田，利见大人”，这是君主的德行。

九三爻处在两重刚位，没有处在上、下卦的中位上，向上不像九五那样居天位，向下不像九二那样在田野，所以该努力时努力，该休息时休息。虽然处境险恶，不至于招致灾难。

九四爻处在三重刚位，没有处在上、下卦的中位上，向上不像九五那样居天位，向下不像九二那样在田野，向中不像

九三那样占据人位，所以说“或”，表示人们内心犹豫不决，没有灾难。

（九五爻）“大人”，其德与天地之德相合，其明察与日月的光明相合，其恩威与四时的顺序相合，其赏罚与鬼神福祸相合。虽然他的行动先于天道，但不会遭到上天的背弃；虽然他的行动落后于天道，但是在以天时的规律行事。上天尚且不会背弃他，更何况是人呢？更何况是鬼神呢？

（上九爻）所讲的“亢”，就是知道前进而不知道后退，只知道存在而不知道消亡，只知道得到而不知道丧失。只有圣人吧？知道进退存亡而不失正道，恐怕只有圣人了！

坤【卦二】坤为地

坤下坤上

【原文】

坤①，元亨②，利牝马之贞③。君子有攸往，先迷后得主。利西南得朋，东北丧朋④。安贞⑤吉。

初六：履⑥霜，坚冰至。

六二：直方⑦，大，不习⑧，无不利。

六三：含章⑨可贞⑩。或从王事⑪，无成有终。

六四：括囊，无咎无誉。

六五：黄裳⑫，元吉。

上六：龙战于野，其血玄黄⑬。

用六⑭：利永贞。

【注释】

①坤：坤卦在八卦中是两个坤卦上下相叠，且六画都是阴爻，用以

代表世间事物纯阴柔顺的状态，以及相关的人伦义理上的概念。②元亨：与乾卦中的“元亨”意思相同。③利牝（pìn）马之贞：指的是雌性马的正道是跟随领头的牡马（雄性马）。牝，指雌性的动物。贞，这里指的是守持正道。④西南得朋，东北丧朋：在方位上，西南方属阴，东北方属阳。“西南得朋”表示要联合众人之力竭尽忠诚地为乾之主效劳，“东北丧朋”表示尽忠效力的时候不可自成朋党。“西南得朋”也有解释为阴气自六月起逐渐增长，“东北丧朋”解释为阴气自十二月起逐渐丧失。⑤安贞：安然稳定，忠贞不贰。安，指安稳。贞，世间的正道。⑥履：原指鞋子，这里指踏过、走过。⑦直方：正直方正。⑧习：摺的假借，与折同义，可训败。⑨含章：指有文采。⑩可贞：可以得到称心如意的卜象，即吉。⑪王事：大事，这里指战争。在古代，战争和祭祀是君王最重要的事。⑫黄裳：指黄色的裙子或裤子，象征着地位的尊贵，也代表着吉祥。⑬玄黄：形容血流不止的样子，这里是说流了很多血。⑭用六：是坤卦独有的爻名。

【译文】

坤卦象征的是大地的纯阴至顺、元始亨通的状态，就像是雌马要选择领头的牡马一样。所以，君子在投奔领路人时，开始的时候找错了地方，但后来终于找到了，就会对双方都产生有利的影响。要联合众人之力竭尽忠诚为乾之主效劳，但不可自成朋党。安然稳定，忠贞不贰，就会吉利。

初六爻，踩在霜上，知道坚冰即将到来。

六二爻，正直方正，就会广大，不败，没有不利的事情。

六三爻，含晦章美，常久贞守，从事王事时，有功而不居，尽职尽责。

六四爻，扎好口袋，（不为恶）不会有危害，（不为善）不要求赞誉。

六五爻，穿上黄色裙裳，（表现出柔顺之德），将会大吉。

上六爻，龙在旷野里大战，它的鲜血将天空大地全都染红了，（阳与阴战，天地混杂，乾坤莫辨，不吉）。

用六爻，只有懂得了阴阳转换进退的道理，才能让事物永远向着有利的一面转化。

【原文】

《象》曰：至哉坤元[①]，万物资生，乃顺承[②]天。坤厚载物，德[③]合无疆[④]。含[⑤]弘[⑥]光大，品物[⑦]咸亨。牝马地类，行地无疆，柔顺利贞。君子攸行，先迷失道，后顺得常。西南得朋，乃与类行；东北丧朋，乃终有庆。安贞之吉，应地无疆。

【注释】

①至：形容恰到好处。坤：这里代指大地，为“阴”。元：这里指最初的阴元气及最初的状态。②承：这里是承受的意思。③德：是《易经》中表示事物形态性质的一个常用哲理性概念。④无疆：兼指地域上的宽广无涯，及时间上的无限。⑤含：蕴含，蕴藏。⑥弘：宏大、深厚的样子。⑦品物：也就是品类的意思，指世间的各种事物。

【译文】

《彖传》说，伟大啊！坤的元始，万物靠它成长，顺承天道而来。载育着万物的深厚大地，其美德广阔无边。涵容广大，万物畅达。就像雌马与大地都属于阴性，可顺行（乾健），行走无疆，性情柔顺，美德贞正。而有所求的君子，最开始的时候找错了方向，后来找到了正路，回归了常道。西南可得到朋友，与同类人同行；东北失去朋友，（不结党营私），最终完满成功。安于正道的人，是对大地无边恩德的应和，前途将一片光明。

【原文】

《象》曰：地势坤[①]，君子以厚德载物。“履霜坚冰”，阴始凝也，驯致[②]其道[③]，至坚冰也。六二之动[④]，直以方也[⑤]。“不习无不利”，地道光也。“含章可贞”，以时发也。“或从王事”，知光大也。“括囊无咎”，慎不害也。“黄裳元吉”，文在中也。“龙战于野”，其道穷也。用六“永贞”，以大终也。

【注释】

①坤：即顺。②驯致：顺从。③道：这里指的是自然之道。④动：行动。⑤直以方也："直"和"方"同义，指的都是人的行为。

【译文】

《象传》说，地势是顺（着天的），君子以大地为效仿对象，用宽厚的德性接纳天下万物。（初六）爻"履霜坚冰"，阴气开始凝结，顺着这一自然变化，结成坚冰的日子自然会到来。六二爻中显示的行动，直且方。"不习无不利"，这是地道与坤道之德。（六三爻）"含章可贞"，根据时机行动。从事王事，（无往不利），因其眼光深远。（六四爻）"括囊无咎"，做事谨慎则无害。（六五爻）"黄裳元吉"，文采蕴于内。（上六爻）"龙战于野"，则表示阴盛不退，已经到穷途末路的程度。用六爻（阴阳转换），永远保持正直之心，也就可以获得以阴之柔顺而规之于阳气的结局。

【原文】

《文言》曰：坤至柔而动也刚[①]，至静而德方[②]，后得主[③]而有常[④]，含万物而化光[⑤]。坤道其顺乎！承天而时行[⑥]。

积善之家，必有余庆；积不善之家，必有余殃。臣弑[⑦]其君，子弑其父，非一朝一夕之故，其所由来者渐矣，由辩之不早辩也。

《易》曰："履霜，坚冰至"，盖言顺也。

直，其正也；方，其义也。君子敬以直内，义以方外，敬义立而德不孤。"直方，大，不习，无不利"，则不疑其所行也。

阴虽有美，含之以从王事，弗敢成也。地道也，妻道也，臣道也。地道无成，而代有终也。

天地变化，草木蕃。天地闭，贤人隐。《易》曰："括囊，无咎无誉"，盖言谨也。

君子黄中通理，正位居体。美在其中，而畅于四支，发于

事业，美之至也！

阴疑于阳必“战”，为其嫌于无阳也，故称“龙”焉。犹未离其类也，故称“血”焉。夫“玄黄”者，天地之杂也，天玄而地黄。

【注释】

①刚：坤卦六条爻象都为阴，是以柔动刚之象，虽然是至柔的卦象，但遇“六”就会变阴柔为阳刚。②方：方正、规矩。这与古人“天圆地方”的认识有关，同时，此处还有“流布四方”的意思。③后得主：指母马找到公马，是地道在顺应天道，就如同臣子投奔君主一样。④有常：规律性的存在，日常存在的法则等。⑤化光：使天地化育光大。⑥时行：以时间的推移顺序而产生相应变化。⑦弑：古代下级杀害上级、晚辈杀害长辈的行为，被视为悖逆的一种。

【译文】

《文言》说：地道虽然非常柔顺，运动起来也极为刚健，它显得极静但品德方正，地道总是在天道后面行动，但运动的规律性是明显的，包容万物而化生广大。地道是多么柔顺啊，总是顺承天道并依照四时变化运行。

总是行善的人家，必有多余的吉庆；累积了恶行的人家，必有多余的灾祸。臣子谋杀国君，儿子刺杀父亲，这样的结果不是一朝一夕间形成的，是逐步发展而来的，人们没有及早辨别真相，（才导致灾祸来临）。

《易》说：“履霜，坚冰至”，这大概就是循序渐进的现象吧！

直是心地上的正直，方是坚持行为上的道义。君子恭敬谨慎地矫正思想上的偏差，用道义来对悖乱的行为进行规范。树立起了恭敬、道义的精神，品德的影响就会变得更加广泛。（六二爻）“直方，大，不习，无不利”，是说人们不会对君子的行为有所怀疑。

阴虽然自身美丽而不表现出来，以此来从事王者的事业，不敢制定法式。这符合地道，也符合妻道，同样符合臣道。虽然地道无法单独化育，但它始终为天道服务，完成功业。

天地变化，草木茂盛。天地阻隔不通，贤人选择隐退。《易》说：（六四爻）“括囊，无咎无誉”，是说要谨慎行事。

君子以美好的内心，以及对事理的通达，整肃自己的职责，恪守应尽的礼节，将美德在内心积聚起来，然后体现在行动上，融合在事业中，达到最为完美的状态。

当阴与阳势均力敌的时候，必然会发生争斗。（本是阴与阳战，阳来应战），怕人们认为无阳，所以称“龙”。阴无法脱离它的属类而存在，所以又称“血”，（也就是阴类的意思）。所谓“玄黄”，即天玄地黄，指的也就是天地混合相交形成的色彩。

屯【卦三】水雷屯

震下坎上

【原文】

屯[①]，元亨，利贞。勿用有攸[②]往，利建侯[③]。

初九：磐桓[④]。利居贞，利建侯。

六二：屯如邅如[⑤]，乘马班如[⑥]。匪寇婚媾。女子贞不字[⑦]，十年乃字。

六三：即[⑧]鹿无虞，惟入于林中。君子几，不如舍。往吝。

六四：乘马班如，求婚媾。往吉，无不利。

九五：屯其膏[⑨]。小贞吉，大贞凶。

上六：乘马班如，泣血涟如[⑩]。

【注释】

①屯: 本指钻出地面生长，这里是一种初生的象征。②攸(yōu): 所。③侯: 诸侯。④磐桓(pán huán): 房屋柱石。这里喻指困难重重导致徘徊不前的状态。⑤屯如邅(zhān)如: 形容堆聚在一起让人难以行走。屯，聚积。邅，难于行走。⑥班(pán)如: 原地回旋、不向前走的样子。⑦字: 许嫁。⑧即: 本意为接近，这里指追逐。⑨膏: 膏泽。⑩涟如: 形容水波荡漾的样子，这里用来形容血和泪不断流淌的样子。

【译文】

屯卦，有大亨通之道，只要守持正道，必然会达到顺利畅达的境地。不要遽然有所往，利于先建国封侯。

初九爻，徘徊难进，固守贞正才有利。建国封侯有利。

六二爻，徘徊难进，骑着马也只能原地转圈。不是抢劫，而是来求婚。女子若此时没有应许，则十年之后才能结成姻缘。

六三爻，追逐野鹿却没有可以帮忙的虞人，稍有迟缓就会让野鹿逃入深不可知的树林。与其穷追不如舍弃，这是明智君子的做法，追捕不利。

六四爻，骑在马上徘徊不进，想去求婚却又犹豫不前，但这次将会吉而无所不利。

九五爻，聚敛财富时不知分给别人，（六二阴爻而贞正，则）“小贞吉”，（九五阳爻而贞，非其宜，则），“大贞凶”。

上六爻，骑在马上徘徊不前，哭泣不止，泣血涟涟。

【原文】

《彖》曰：屯，刚柔始交[①]而难生。动乎险中，大亨贞。雷雨之动满盈，天造草昧，宜建侯而不宁。

《象》曰：云雷，屯[②]。君子以经纶[③]。虽“磐桓”，志行正也。以贵下贱，大得民也。六二之难，乘刚也。“十年乃字”，反常也。“即鹿无虞”，以从禽也。君子舍之，往吝穷也。求而往，明也。“屯其膏”，施未光也。“泣血涟如”，何可长也？

【注释】

①刚柔始交：屯由震下坎上相叠组成，其中震为雷，坎为雨，雷雨并作，表现的正是一种阴阳相交的状态。②云雷，屯：这也是从屯卦的卦象上说的。坎为水，震为雷，云在雷之上，表现的是干打雷的天气，表示下雨困难的情况。③经纶：本意为整理丝线，这里引申为治理国家。

【译文】

《彖传》说：屯卦所象征的，是刚柔始交，天地始生万物，并不畅通的状态。前进中危险时刻伴随左右，但这是非常容易通达目的的正途。就好像雷雨交加的天气里大水涌动的状态，又好比天地产生之初原始混沌的状态，利于建国封侯，兢兢业业、不遑宁处。

《象传》说，云和雷的卦象组成了屯卦，让君子能够从雨水的恩泽和雷电的威严中，感受到生命的艰难，并从中学习治国之道。（初九爻）虽然前进途中困难重重，但只要是志向和行动没有错误，尊贵却能谦和待下的君子，是可以大得民心的。六二爻的艰难是因为受到刚阳的逼迫，要再等十年才能结成姻缘很反常。（六三爻）“即鹿无虞”，是因为被禽（利禄）所蒙蔽。如果君子不能选择放弃，那么一味地追下去将会徒生悔意，一无所获。（六四爻）为求婚而去，将是一种非常明智的举动。（九五爻）“屯其膏”，布施不广大。（上六爻）“泣血涟如”的情况，只是暂时的，不会长久持续！

蒙【卦四】山水蒙

坎下艮上

【原文】

蒙[①]，亨[②]。匪[③]我求童蒙，童蒙[④]求我。初筮[⑤]告，再三渎[⑥]，渎则不告。利贞。

初六：发[⑦]蒙。利用刑人，用说[⑧]桎梏[⑨]。以往吝。

九二：包蒙，吉。纳妇[⑩]吉，子克家。

六三：勿用取女[⑪]，见金夫[⑫]不有躬。无攸利。

六四：困蒙，吝。

六五：童蒙，吉。

上九：击蒙。不利为寇[⑬]，利御寇。

【注释】

①蒙：卦象为下坎上艮，也就是上为山下为水，象征的是蒙稚的样子。蒙卦排在屯卦的后面，也表现出事物发展的先后顺序，正像《周易浅述》中说的那样："物生必蒙，蒙在物之稚。" ②亨：这里指事物处在蒙稚时，如果能得到合理的启发，必然会达到亨通的状态。③匪：通"非"，不。④童蒙：也就是"蒙童"。古代小孩进入私塾接受教育，称发蒙、开蒙。⑤筮（shì）：原指以蓍草进行演卦占问的过程，这里指卜卦。⑥渎（dú）：形容亵渎、不恭敬的态度。⑦发：启发。⑧说：通假字，这里应为"脱"，含解脱之意。⑨桎梏（zhì gù）：古代刑具，是一种木制的脚镣、手铐。⑩纳妇：指迎娶自己的妻子。⑪取女：指抢夺女子与自己成婚。⑫金夫：也就是"武夫"，指手拿武器的男人。⑬寇：强盗，侵略者。

【译文】

蒙卦表现的是蒙昧未开，可至亨通的状态。不是我去请求蒙童学习，而是蒙童主动来请求跟从我学习。通常，占卜一次就会得出正确的结果，如果不相信而一再占卜，就成了亵渎神灵的举动，这是没有好结果的。所以说蒙卦是有利于坚守正道的。

初六爻，启蒙教育，用明确的法规晓示民众。如果一开始就去掉对他们的束缚，使他们无所惧，就要有害了。

九二爻，包容蒙昧是吉祥的，迎娶新媳妇同样也是吉祥的，儿子可以治家。

六三爻，如果女子的品行不端，就不能娶她，因为她见到武夫就会动心，娶这样的女子注定不会有好结果。

六四爻，当人困于蒙昧状态时，就会变得孤陋寡闻，结果也不会太好。

六五爻，幼童受到启蒙，吉祥。

上九爻，以敲打的方式启发幼童的蒙昧，对做伤害别人的盗寇之事不利，对抵抗侵略则有利。

【原文】

《彖》曰：蒙，山下有险①。险而止②，蒙。蒙“亨”，以亨行时中③也。“匪我求童蒙，童蒙求我”，志应也。“初筮告”，以刚中也。“再三渎，渎则不告”，渎蒙也。蒙以养正，圣功也。

《象》曰：山下出泉，蒙。君子以果④行育德。“利用刑人”，以正法也。“子克家”，刚柔接也。“勿用取女”，行不顺也。“困蒙”之“吝”，独远实也。“童蒙”之吉，顺以巽也。“利用御寇”，上下顺也。

【注释】

①山下有险：这是针对蒙卦卦象的说法，蒙卦坎下艮上，艮代表山，坎代表水，所以说是“山下有险”。②险而止：这也是从蒙卦的卦象上说的。艮代表山，又含有“止”的意思。③时中：这里是说九二与上卦六五正应，是时；处在下卦的中间，是中。④果：指卦象所彰显的答案。

【译文】

《彖传》说：蒙卦的卦象是山下有险的表象，有危险就要停下来，就是蒙。蒙卦亨通，是因为能遇险而止，行动及时而中正。不是我去请求蒙童学习，而是蒙童主动来请求跟从我学习，因为双方志趣相同。初次卜筮（初次来求童蒙）则

刚健中正（可启发他）。渎乱不敬之人来求蒙，则不用启发他（指六三、六四两爻）。养蒙，以保持它天真纯粹的品性，这是圣人的功业。

《象传》说，山下出泉水，是蒙卦。君子要以此象来进行启蒙，培养有德性的人。（初六爻）“利用刑人”，以使百姓逐渐受到约束教化。（九二爻）“子克家”，能够调剂上下尊卑的关系。（六三爻）“勿用取女”，因为她走了邪路。（六四爻）人被困于蒙昧之地，是因为应比皆无阳爻。（六五爻）以童蒙自处，虚心向老师求教，教育的效果会很好。（上九爻）只是“御寇”，没有采取暴力的手段，所以上下都顺当。

需【卦五】水天需

乾下坎上

【原文】

需[①]，有孚[②]，光亨[③]，贞吉。利涉大川。

初九：需[④]于郊，利用恒，无咎。

九二：需于沙[⑤]，小有言，终吉。

九三：需于泥[⑥]，致寇至。

六四：需于血[⑦]，出自穴。

九五：需于酒食，贞吉。

上六：入于穴[⑧]，有不速之客[⑨]三人来，敬之终吉。

【注释】

①需：需卦的下卦为乾，代表着天；上卦为坎，代表着云，表现的是天上积聚着浮云，即将降雨。所以卦名为需。②孚：诚信。③光亨：形容非常通畅。光，大。④需：此处为等待、停留。⑤沙：沙地，这里引

申为难走的地。⑥泥：这里指的是泥泞不堪的地方。⑦血：染有血污的地方。⑧穴：指上古时期人们的住所，为依地势所建的建筑，通常是在地下挖出一个洞穴，然后在洞穴的上面搭建一部分屋顶。⑨不速之客：指没有受到邀请的人。速，邀请。

【译文】

需卦的卦象是等待的象征。诚信充实于内心，光明正大，事情就会变得亨通顺利，卜卦才能得到吉祥的结果。外出远行的时候，虽有险阻也会顺利通畅。

初九爻，在郊野等待，一定要有耐心和恒心，能够静候时机出现，才不会招来祸患。

九二爻，在沙地等待，会遭到别人一点言语之伤，但只要耐心等待终会吉祥。

九三爻，在泥泞的道路中等待，招致盗寇的到来，（濒临险难之边缘）。

六四爻，停留在血泊里，离开自己安居的巢穴。

九五爻，停留在酒食中，（安养百姓，休养生息），问卜的结果也会变得吉祥。

上六爻，主动回到安居的巢穴中，有三位客人不请自到，但仍然很恭敬地对待他们，结果也会变得吉祥。

【原文】

《彖》曰：需，须[①]也。险在前也[②]，刚健而不陷，其义不困穷矣。“需，有孚，光亨，贞吉”，位乎天位，以正中也。“利涉大川”，往有功也。

《象》曰：云上于天，需。君子以饮食宴乐[③]。“需于郊”，不犯难行也。“利用恒，无咎”，未失常也。“需于沙”，衍在中也。虽“小有言”，以终吉也。“需于泥”，灾在外也。自我“致寇”，敬慎不败也。“需于血”，顺以听也。“酒食，贞吉”，以中正也。“不速之客”来，“敬之终吉”。虽不当位，未大失也。

【注释】

①须：等待。②险在前也：这是从需卦的卦象上说的，坎在上乾在下，所以说“险（坎）在前也”。③君子以饮食宴乐：需卦卦象启示人们要学会等待。在等待期间，君子要无为，与民休息，积蓄力量。

【译文】

《彖传》说：需卦，等待，因为前面存在着险阻的情况。对于刚健中正而又不恃勇冒进的人，是不至于落到无路可走而误了大事的地步的。从需卦的卦象上看，心怀诚信，光明正大，前途会显得光明而畅通，所以坚持正道就会吉利，因为（卦主九五爻）居于天位，又得正中，（所以其位其德都十分有利，只需等待时机）。大江大河也可以安全无虞地渡过，所以结果必定是能建立功业的。

《象传》说，水汽聚集天上成为云层，虽然乌云满天，但还没下雨，因为时机不成熟，还需等待。在这个时候，君子就需要在饮宴中等待，积蓄力量。（初九爻）“需于郊”，不再冒险轻率前行。“利用恒，无咎”，才能不偏离（等待的）正道。（九二爻）“需于沙”，宽裕得当。虽受到小责难，终能化险为夷。（九三爻）“需于泥”，灾祸在外面。自我招致盗寇，谨慎行事，不要急躁，就不会失败。（六四爻）“需于血”，顺从地听取别人的意见。（九五爻）“酒食，贞吉”，因为有中正的品德。（上六爻）即使有不速之客到来，也要态度恭敬并热情地招待，最终是吉利的。能够如此，即使是位置有不当之处，也不会有大的损失。

讼【卦六】天水讼

【原文】

讼[①]，有孚[②]窒惕[③]，中[④]吉，终凶。利见大人，不利涉大川。

初六：不永所事[⑤]，小有言，终吉。

九二：不克[⑥]讼，归而逋[⑦]。其邑[⑧]人三百户，无眚[⑨]。

六三：食旧德[⑩]，贞厉，终吉。或从王事，无成。

九四：不克讼，复即命，渝[⑪]安贞，吉。

九五，讼，元吉。

上九：或锡之鞶带[⑫]，终朝[⑬]三褫[⑭]之。

【注释】

①讼：下卦为坎，为水；上卦为乾，为天。从卦象上来看，这一卦象与需卦恰恰相反，阐述的是“争”，含有争论之意，也有诉讼之意。②孚：让人信服的事情。③窒（zhì）：窒塞，意不得伸。惕（tì）：警觉，谨慎。④中：中间、中庸的位置。⑤永所事：指长期坚持所争讼的事情。永，长久、持久。所事，所争讼的事情。⑥克：这里是成功、胜利的意思。⑦逋（bū）：逃亡。⑧邑：封邑，封地。⑨眚（shěng）：本义是眼睛出了毛病，泛指身体上出现的各种病症，可以引申为灾祸或过错。⑩旧德：指继承先人的遗产。⑪渝：变。⑫鞶（pán）带：指主要供贵族佩戴的、用皮革做成的宽大的腰带。⑬终朝：指从日出到日落，也就是一整天。⑭褫（chǐ）：剥夺，剥离。

【译文】

讼卦象征着诉讼、打官司。之所以这样，是因为人们心中诚实守信的德行被阻塞了。如果有所畏惧，就可能会坚守不偏不倚的正道，就会出现好的局面；而如果坚持诉讼到底，则可能会有所凶险。如果有德高望重的大人物出面调和，则可能会比较有利；如果不接受调和，则可能会被拖入争讼的深渊，让事情变得更加复杂。

初六爻，不做长期的诉讼，可能会有一些小的争议和指责，但结果是好的。

九二爻，如果在争讼中落败了，就赶紧逃回家，用小邑中的三百户人家做掩护，可以避开灾祸。

六三爻，靠着祖业生活，仍需处处小心，坚守正道，才能化险为夷。或从事战事，但不要把功绩归于自己。

九四爻，没有胜讼，回来就复其本来之位，（不再争讼），安于已变之正位就吉利。

九五爻，争讼得到公正的裁决，大吉。

上九爻，有人赐给他大带，一天赐予他多次，又被多次剥夺。

【原文】

《彖》曰：讼，上刚下险[①]。险而健，讼。“讼，有孚窒惕，中吉”，刚来而得中也。“终凶”，讼不可成也。“利见大人”，尚中正也。“不利涉大川”，入于渊也。

《象》曰：天与水违行[②]，讼。君子以作事谋始。“不永所事”，讼不可长也。虽“小有言”，其辩明也。“不克讼”，归逋窜[③]也。自下讼上[④]，患至掇[⑤]也。“食旧德”，从上吉也。“复即命渝”，安贞不失也。“讼，元吉”，以中正也。以讼受服，亦不足敬也。

【注释】

①上刚下险：讼卦卦象下坎上乾，乾表刚强，坎表危险。②天与水违行：形容争讼是因双方两相乖戾而导致的。③窜：伏窜。④自下讼上：处在低位的人诉讼处于高位的人，也可以引申为“民告官”的现象。⑤掇（duō）：收拾，拾取。

【译文】

《彖传》说：讼卦卦象上刚强下凶险，象征着凶险的人和刚强的人碰到一起，必然会产生争讼。“讼，有孚窒惕，中吉”，要做到刚健而行动中正。“终凶”，争讼是不可能成功的。“利见大人”，由大人物给出公正的判决。“不利涉大川”，可能被拖入（诉讼的）深渊。

《象传》说：天和水相背而行，这是要产生争讼的卦象。君子从这样的卦象中领悟到，不管做什么事，一开始就应该谋虑好，（不要陷入争讼之中）。（初六爻）“不永所事”，是说长久争讼对谁都没有好处。即使某些小争议暂时得不到解决，但是非已很明白。（九二爻）如果没有胜诉，就只能赶紧往回逃，以免有祸患。下级去诉讼上级，祸患都是自取的。（六三爻）“食旧德”，顺从上位的人，就会得到吉利的结果。（九四爻）“复即命渝”，安于已变之正位则不会有失误。（九五爻）“讼，元吉”，是因为合于中庸的正道。（上九爻）如果因为争讼而得到显贵的服饰等奖赏，大家也不会敬服他。

师【卦七】地水师

坎下坤上

【原文】

师[①]，贞[②]，丈人[③]吉。无咎。

初六：师出以律，否臧[④]凶。

九二：在师中，吉，无咎。王三锡命[⑤]。

六三：师或舆尸[⑥]，凶。

六四：师左次，无咎。

六五：田有禽，利执言[⑦]，无咎。长子[⑧]帅师，弟子[⑨]舆尸。贞凶。

上六：大君[⑩]有命，开国承家，小人勿用。

【注释】

①师：本卦下坎上坤，坎为水，坤为地。地下出现了大量的水，并

且水流是随势而行的，所显现的正是军旅的象征，所以起卦名为师。②贞：正，指打仗的目的要正确。③丈人：原指德高望重的人，这里引申为军队的主帅。④否臧（pǐ zāng）：形容不好的事情，这里指军人不守军纪的事情。⑤锡命：嘉奖。锡，通“赐”。⑥舆尸：指用车运送尸体。舆，本意为“车”，这里是名词用作动词，用车运送。⑦言：语词。⑧长子：这里指战争的指挥官。⑨弟子：这里是相对于“长子”而言的，指负责运送尸体的副将。⑩大君：君主，君王。

【译文】

师卦象征用兵，坚守正的用兵之道，由德高望重富有经验的人统率军队，就吉祥，没有灾害。

初六爻，军队出征必须要有严明的纪律，军纪不良，则会有凶险。

九二爻，身在军中，就吉利，没有灾害，可以得到君主的多次嘉奖并委以重任。

六三爻，军队有时会载着士兵的尸体从战场上回来，有凶险。

六四爻，军队暂时撤出战场，不会遭到更大的损失。

六五爻，田有野兽，应该把它擒住，敌人来攻击我，应该出战，没有灾祸；长子统帅军队出征，次子将士兵的尸体运回，这件事是很凶险的。

上六爻，（军队凯旋时，）君王可以颁布诏命，分封德高望重的人做诸侯、上卿、大夫，但不可以重用小人。

【原文】

《彖》曰：师，众也。贞，正也。能以众正，可以王矣。刚中而应[①]，行险而顺，以此毒天下，而民从之，吉，又何咎矣！

《象》曰：地中有水，师。君子以容民畜[②]众。“师出以律”，失律凶也。“在师中，吉”，承天宠[③]也。“王三锡命”，怀万邦[④]也。“师或舆尸”，大无功也。“左次，无咎”，未失常也。“长子帅师”，以中行也。“弟子舆尸”，使不当也。“大君有命”，以正功也。“小人勿用”，必乱邦也。

【注释】

①刚中而应：在六爻之中，“九二”阳爻，性刚，位置在下卦的中位，而另有一个“六五”阴爻，处在上卦中位，两者阴响应阳，故而相“应”。应，响应。②畜：通“蓄”，积蓄。③天宠：喻指“九二”与“六五”之间的响应关系。④怀万邦：指招徕周边诸侯国。怀，招徕。邦，指城邦、国家。

【译文】

《彖传》上说：军旅之事，是由众多人组成的军队。贞代表要坚守正义。能够使群众组成正义之师，就能称王天下了。刚健中正而上下相应，在遇到险境时就能顺利通过。以这样的方式来督治天下，百姓也乐意追随，大吉，怎么会有灾难呢！

《象传》中说：地中蓄积了很多水，这种情况象征着兵众和军旅之事。君子要懂得其中的道理而爱护百姓，积蓄民力。（初六爻）“师出以律”，没有良好军纪的军队作战必定发生凶险。（九二爻）“在师中，吉”，承受天子君王的宠爱。“王三锡命”，而招徕周边诸侯国民。（六三爻）“师或舆尸”，没有战功。（六四爻）“左次，无咎”，没有失去战争的正道。（六五爻）“长子帅师”，用正道行事。“弟子舆尸”，则是用人不当。（上六爻）“大君有命”，是用来端正奖赏，（使功与赏匹配）。“小人勿用”，是因为对小人予以重用，必然会危害并扰乱邦国的安宁。

比【卦八】水地比

坤下坎上

【原文】

比[①]，吉。原筮[②]，元永贞，无咎。不宁方[③]来，后夫[④]凶。

初六：有孚，比之，无咎。有孚盈缶[⑤]，终来[⑥]有它[⑦]，吉。

六二：比之自内，贞吉。

六三：比之匪人[⑧]。

六四：外比之，贞吉。

九五：显[⑨]比。王用三驱[⑩]失前禽。邑人不诫[⑪]，吉。

上六：比之无首[⑫]，凶。

【注释】

①比：本卦下坤上坎，地在下而水在上，象征水从地面流过，是水与地亲近依附的意象。比，形容紧密地靠在一起。②原筮（shì）：再次占卜。③不宁方：指不愿表示臣服的邦国。方，即"方国"，古代诸侯国。④后夫：指代迟来的诸侯。⑤盈缶（fǒu）：指用瓦盆装满酒食。缶，古代瓦制容器。⑥终来：即使。⑦有它：指出现变故、意外。⑧匪人：指不正派的人。⑨显：这里有光明无私的意思。⑩王用三驱：指古代君王打猎的时候，会让卫队在猎物的左、右、后三面前进，从而把猎物赶到君王的正对面，以便成功射猎。⑪诫：诫约。⑫无首：没有头，这里有没有好的开始之意。

【译文】

比卦是彼此间亲密无间，团结互助的象征，吉利。再次占卜，依然长期无害。不愿臣服的诸侯国也已来到，少数迟迟不来的诸侯将有凶险。

初六爻，德行上诚实守信，与人亲密团结，不会有灾祸。诚信的德行会像酒缸里注满美酒，（内充实而外无纹饰），不仅无害，而且是吉兆。

六二爻，与人亲近，坚守正道，吉利兆。

六三爻，结交不正派的人，（凶兆）。

六四爻，和外部的人亲近，坚守正道则吉利。

九五爻，光明正大的亲近之道，就像是跟随君王去围猎的时候，对待猎物网开一面，邑人也不相警备以求必得，这当然是吉兆。

上六爻，关系亲密，而没有好的开始，有凶险。

【原文】

《彖》曰：比，吉也①。比，辅也，下顺从也。“原筮，元永贞，无咎”，以刚中②也。“不宁方来”，上下应也。“后夫凶”，其道穷也。

《象》曰：地上有水，比。先王以建万国，亲诸侯③。比之初六，有它吉也。“比之自内”，不自失也。“比之匪人”，不亦伤乎！外比于贤，以从上也。“显比”之吉，位正中也。舍逆取顺，“失前禽也”。“邑人不诫”，上使中也。“比之无首”，无所终也。

【注释】

①比，吉也：《彖》辞开篇便会对卦名进行解释，“吉”便是对“比”的解释。②刚中：“九五”性质阳刚，居于中位，代表了众人亲近的核心。③亲诸侯：用怀柔的方法亲近诸侯。

【译文】

《彖传》说：比卦，吉利。比是辅佐的意思，是下级对上级的顺从态度。“原筮，元永贞，无咎”，是因为刚毅中正。“不宁方来”，表明上下呼应的状态。“后夫凶”，是说那些诸侯可能会孤立无援。

《象传》说：地上有水，就是比卦，（象征着亲密比辅的关系）。君王明白这个道理，所以将土地分封给诸侯王，安抚亲近的诸侯。比卦的初六爻，即使有其他问题，也是吉兆。（六二爻）“比之自内”，就不会自失。（六三爻）“比之匪人”，其结果是可悲伤的。（六四爻）和外部的人亲近，用来服从上级。（九五爻）“显比”能够吉利，是因为居正位。放弃不顺我的，选择顺着我的，就像打猎时网开一面，邑人也听其自然，就是君王用了正确的方法！（上六爻）“比之无首”，（没有好的开始），就没有好结果。

小畜【卦九】风天小畜

乾下巽上

【原文】

小畜①，亨。密云不雨②，自我西郊。

初九：复自道③，何其咎？吉。

九二：牵④复，吉。

九三：舆说輹⑤，夫妻反目⑥。

六四：有孚，血⑦去惕出，无咎。

九五：有孚挛如⑧，富⑨以其邻。

上九：既雨既处⑩，尚德载⑪，妇贞厉，月几望⑫，君子征凶。

【注释】

①小畜：本卦下乾上巽（xùn），乾代表天，巽代表风，代表和风满天、风调雨顺的意象。“畜”，同“蓄”，兼有“畜聚”“畜养”“畜止”等多个意思。所谓“小畜”，就是一点点地积累，有逐渐、慢慢增加的含义。②密云不雨：形容大雨将至，也代表着将有更多的财富慢慢积累起来。③复自道：指阳爻回到自己上升的路。④牵：指九二的阳爻与初九的阳爻相连，故称牵。⑤舆说輹：车子脱离了车轮。说，即脱。輹（fù），即辐，这里代指车轮。⑥反目：无法朝着同一个方向看，形容各向一方的情态。⑦血（xù）：通“恤”，形容担忧的样子。⑧挛（luán）如：形容捆绑得很紧的样子。⑨富：富厚。⑩既处：已经停止。既，已经。⑪尚德载：雨泽下降，地得载其德。⑫月几望：差不多到了月中。几，同“既”。既望，农历十六日。

【译文】

小畜卦是积蓄的象征，会变得亨通顺利。天空中已经布满乌云，可是还没有降下雨来，乌云是从我们城市的西郊慢慢飘过来的。

初九爻，回到自己的道路上，哪里会有什么灾祸呢？这本来就是吉利的。

九二爻，与初九牵连着回到自己（上升的）路上，所以吉祥。

九三爻，车子脱离了车轮，这种情况象征着夫妻反目。

六四爻，中心诚信，不忧虑，不恐惧，可免于伤害。

九五爻，中心诚信，（与六四爻）紧密联系，用蓄积的丰富厚的力量左右它的邻居（指六四爻）。

上九爻，密云成雨，雨落后止，大地承载了乾天的雨泽。妇人占问有危险，阴历过半，君子出外，就会遇到凶险。

【原文】

《彖》曰：小畜，柔得位[①]而上下应之[②]，曰小畜[③]。健而巽，刚中而志行，乃亨。“密云不雨”，尚往也。“自我西郊”，施未行也。

《象》曰：风行天上，小畜。君子以懿[④]文德。“复自道”，其义吉也。“牵复”在中，亦不自失也。“夫妻反目”，不能正室也。“有孚惕出”，上合志也。“有孚挛如”，不独富也。“既雨既处”，德积载也。“君子征凶”，有所疑也。

【注释】

①柔得位：指小畜卦中唯一一个阴爻“六四”，正好处在阴位，又居上卦，故而得名。②上下应之：指的是“六四”上下五爻均为阳爻的情况。③小畜：本卦六爻中只有一个阴爻，以一阴聚合五阳，力量对比悬殊，只能慢慢来。④懿（yì）：形容德行美好。

【译文】

《彖传》说：从小畜卦的卦象上看，阴柔者正处于合适的位置，上下有五个阳爻与之形成呼应，叫小畜。乾卦刚健、巽卦柔顺，刚健居中，而志在上行，亨通。所谓的“乌云已布满天空，仅仅是还没有下雨”，其实是在鼓励人继续努力，不要放弃。所说的“乌云从城市的西郊慢慢地飘过来”，其实是说力量还没有充分地展露出来。

《象传》说：本卦乾（天）在下巽（风）在上，象征风在天上飘行，是小畜。君子应该文饰自己的仪表、气度、品行等。（初九爻）“复自道”，它的意义是吉的。（九二爻）与初九牵连着上升，又不失中道，不会自失。（九三爻）“夫妻反目”，不能正其妻室。（六四爻）“有孚惕出”，（九五）与其志气相合。（九五爻）“有孚挛如”，不专享其财富。（上九爻）“既雨既处”，是德行长期积累的结果。“君子在阳气盛时前进，有凶险”，因此心存疑忌。

履【卦十】天泽履

兑下乾上

【原文】

履[①]：履虎尾，不咥[②]人。亨。

初九：素履[③]往，无咎。

九二：履道坦坦[④]，幽人[⑤]贞吉。

六三：眇[⑥]能视，跛[⑦]能履。履虎尾，咥人，凶。武人为于大君。

九四：履虎尾，愬愬[⑧]终吉。

九五：夬履[9]，贞厉。

上九：视履[10]考详[11]，其旋元吉。

【注释】

①履：本卦下兑上乾，兑代表泽，在地位上与臣相对应，乾代表天，在地位上与君王相对应，所以人们必须小心谨慎。履，原意为踩踏，引申为行为和行为准则。②咥（dié）：啃，噬，咬。③素履：形容人行为清正纯洁的样子。素，没有纹饰。④坦坦：平坦。⑤幽人：独处、与世无争的人。⑥眇（miǎo）：指一只眼睛丧失视力的人。⑦跛：瘸腿，一只脚有毛病。⑧愬（sù）愬：形容非常恐惧的样子。⑨夬（guài）履：形容人做事果决决断。夬，刚决、决断。⑩视履：形容人行为审慎的样子。视，察看、审视。⑪考详：指进行全面的考虑。

【译文】

履卦：象征着轻轻地踩了一下老虎的尾巴，（因此没有让老虎感到疼痛）老虎没有咬人。这种情况是亨通无事的。

初九爻，穿着素淡的鞋子出去，（心地纯朴、品行端正），没有灾害。

九二爻，所走之路很平坦，与世无争、安恬进退的人，吉利。

六三爻，一只眼睛失明的仍然能看到，一只脚跛的仍然能走路，（但是这样的人）跟在老虎尾巴后面，老虎就会咬他，是凶兆。武人要效力于大人君主。

九四爻，跟在老虎尾巴后面走路，因为恐惧而小心谨慎，最终将平安无事。

九五爻，刚毅的人行事果敢，若长久不变会有危险。

上九爻，始终行事小心谨慎，考虑周到，完满周旋，大吉。

【原文】

《彖》曰：履，柔履刚也。说而应[1]乎乾，是以“履虎尾，不咥人，亨”。刚中正，履帝位而不疚，光明也。

《象》曰：上天下泽，履。君子以辨上下，定民志[2]。“素履”之往，独行愿也。“幽人贞吉”，中不自乱也。“眇能视”，不足以有明也。“跛能履”，不足以与行也。“咥人”之凶，位不当也。“武人为于大君”，志刚也。“愬愬终吉”，志行也。“夬履，贞厉”，位正当也。“元吉”在上，大有庆也。

【注释】

①说（yuè）：通“悦”。应：心理上的感应，情绪上的相通。②辨上下，定民志：指君子要明辨上下之分，确定人民的志愿。定，测定。

【译文】

《彖传》说：履卦是阴爻紧蹑着刚爻后面走。兑应该和悦地应着乾，所以才能“履虎尾，不咥人，亨”。（九五爻）阳刚中正，居于君位，而无害，是光明的。

《象传》说：上天下泽，是履卦。君子要明辨上下，确定人民的志向。（初九爻）“素履”之往，是为了实现自己最初的志愿。（九二爻）“幽人贞吉”，是因为内心恬然安静。（六三爻）“眇能视”，但还不能明察。“跛能履”，还不能称为能走。有被虎咬的凶险，是因为（这一爻）能力与地位不相称，“武人为于大君”，容易刚愎自用。（九四爻）“愬愬终吉”，志愿能够实现。（九五爻）“夬履，贞厉”，（因为这一爻为刚爻且居中正至尊之位），正居其位，（居高临下，自专自决，危险）。（上九爻）“元吉”在上，大吉大利。

泰【卦十一】地天泰

乾下坤上

【原文】

泰[①]，小往大来[②]，吉，亨。

初九：拔茅茹[3]，以其汇，征吉。

九二：包荒[4]，用冯[5]河，不遐遗[6]，朋亡。得尚于中行[7]。

九三：无平不陂，无往不复。艰贞[8]无咎。勿恤[9]其孚，于食有福。

六四：翩翩[10]，不富[11]以其邻，不戒以孚。

六五：帝乙[12]归妹，以祉[13]，元吉。

上六：城复于隍[14]，勿用师，自邑告命。贞吝。

【注释】

①泰：本卦下乾上坤。乾为天，此处代表的是阳气；坤为地，代表的是阴气。阳气上升而阴气下沉，两相交融而产生重大的变化，进而达到顺畅通达的状态，所以卦名为“泰”，象征“亨通”“太平”的社会景象。②小往大来：喻指阴阳两气此消彼长的关系。③茅茹：指拔了这一棵茅草根，连带着那一棵也拔了出来。茅，茅草。茹，根相连，也就是“相互牵连”的意思。④包荒：包容荒秽。⑤冯(píng)：通“凭”。⑥不遐遗：不弃遐远。⑦得尚于中行：合乎中行之道。⑧艰贞：在困难中坚守正道。⑨恤：忧。⑩翩翩：群飞向下的样子。⑪不富：谦虚不自满。⑫帝乙：殷代末代帝王纣王的父亲。⑬以祉(zhǐ)：有福，得福。祉，福。⑭隍(huáng)：指干涸了的用以护城的壕沟。

【译文】

泰卦是通达的象征，小的去了大的来，（阳气上升，阴气下降，阴阳相交和畅之象），吉利，亨通。

初九爻，拔茅草根，这根带着那根，因为它们是同类。外出，吉利。

九二爻，能够包容荒秽，刚决果断，不弃遐远，不结朋党，可谓是行乎中道。

九三爻，平地会变成陡坡，去的还会再回来。在困难中依然坚守正道，便可以无咎。还要无忧无惧，诚信不移地做事，反而有福。

六四爻，（坤卦三阴爻）翩翩地向下飞来，（六四爻）不

自满而其邻自然跟从，不戒备而保持信任。

六五爻，商代帝王乙嫁女（给周文王，属于下嫁），有福，大吉。

上六爻，城墙倒塌，填平了久已干涸的护城沟，不要用兵，（因此此时）命令只有自己附近的城邑能够听从了，即使做到守正，也无济于事。

【原文】

《彖》曰："泰，小往大来，吉，亨"，则是天地交而万物通也，上下交①而其志同也。内阳而外阴，内健而外顺。内君子而外小人，君子道长，小人道消也。

《象》曰：天地交，泰。后以财②成天地之道，辅相天地之宜，以左右民。"拔茅""征吉"，志在外也。"包荒""得尚于中行"，以光大也。"无往不复"，天地际也。"翩翩不富"，皆失实也。"不戒以孚"，中心愿也。"以祉元吉"，中以行愿也。"城复于隍"，其命乱也。

【注释】

①上下交：指君主与臣民的交流。上，喻指君主。下，喻指臣民。

②财：此处意义同"裁"，裁剪。原意是裁布制成衣服的行为。

【译文】

《彖传》说：泰卦卦辞中所说的"阴与阳相交往，达到吉祥、亨通状态"，是指阴气与阳气相互交感，让万物蓬勃生长；而君上与臣下的沟通，是在向同一个目标努力。阳在内阴在外，阳气主动而阴气顺从。就像君子掌握着朝纲，小人就在朝堂之外，君子影响扩大，小人影响就会衰减一样。

《象传》说：泰卦，天地间阴气与阳气相交。君王应该根据天地自然的规律，辅助天地自然之所宜，来统治百姓。（初九爻）"拔茅""征吉"，志在进取。（九二爻）"包荒""得尚于中行"，因此而得广大之气象。（九三爻）"无往不复"，是天地的极限，（阴阳相接之际，快要发生转变）。（六四爻）“翩翩不富”，长久失实，（失去阳爻做依靠）。“不戒以孚”，是发自内心的，没有丝毫勉强。（六五爻）“以祉元吉”，（帝乙下嫁女儿）不是出于强迫，是心中的志愿决定的。（上六爻）“城复于隍”，这是因为阴乘于阳，尊卑颠倒，政令不顺。

否【卦十二】天地否

坤下乾上

【原文】

否[①]，否之匪人，不利君子贞。大往小来。

初六：拔茅茹，以其汇[②]。贞吉亨。

六二：包承[③]。小人吉，大人否亨。

六三：包羞[④]。

九四：有命[⑤]无咎，畴离[⑥]祉。

九五：休否[⑦]，大人吉。其亡其亡[⑧]，系于苞桑。

上九：倾否[⑨]，先否后喜。

【注释】

①否（pǐ）：本卦下坤上乾，表现的是阳气在上却还要上升，阴气在下却还要下沉，难以形成阴阳相接的局面，导致万物不生。②汇：同类。③包承：承顺。④包羞：忍受耻辱。⑤有命：有天命。⑥离：受到，得到。⑦休否（pǐ）：停止否的状态。⑧其亡其亡：形容危险到了极点。亡，危险、败亡。⑨倾否：否的状态到了尽头。倾，覆灭、倒下。

【译文】

否卦所象征的是闭塞不通的状况。在封闭的社会中，人们无法自由来往，就会形成黑暗闭塞的环境，不利于君子坚守正道。于是强大者离去，弱小者到来，（即阳往阴来）。

初六爻，拔茅草根，这根带着那根，（应该联合六二和六三两爻，）同类共同守正不动才能吉利亨通。

六二爻，阿谀奉承，小人吉利，大人不受迷惑则亨通。

六三爻，忍受耻辱，固守地位，（尸位素餐，无所作为）。

九四爻，顺应天命，与同类（诸阳爻）一起接受福祉。

九五爻，停止否的状态，大人就会得到吉祥。衰亡啊衰亡，以此而戒惧危亡，就像系于桑树一样坚固。

上九爻，否的状态已经倾覆，先有忧，而后喜。

【原文】

《彖》曰："否之匪人，不利君子贞。大往小来"，则是天地不交，而万物不通也。上下不交，而天下无邦[①]也。内阴而外阳，内柔而外刚，内小人而外君子。小人道长，君子道消也。

《象》曰：天地不交，否。君子以俭[②]德辟[③]难，不可荣以禄。"拔茅""贞吉"，志在君也。"大人否亨"，不乱群也。"包羞"，位不当也。"有命无咎"，志行也。"大人"之吉，位正当也。否终则倾，何可长也？

【注释】

①无邦：形容邦不成邦、国不成国的危险状态。邦，邦国。②俭：约束，收敛。③辟：通"避"。

【译文】

《彖传》说：否卦之窒塞不通的状态，不利于君子坚守正道。于是强大者离去，弱小者到来，就是说阴气与阳气不能交感，导致万物不能生长。君主不能与臣下交流意见，致使天下混乱，邦国危亡。阴在内而阳在外，柔在内而刚在外，对应小人在内而君子在外的情况，随着小人影响力的扩大，君子的影响力势必衰微了。

《象传》说：天高地低，彼此间无法交流互通，因而闭塞不通。这是否卦的卦象。君子们必须收敛才华，避开危险的境地，不可以仕禄为荣。（初六爻）“拔茅”“贞吉”，君子（隐藏才德），志在报君主之恩。（六二爻）“大人否亨”，是说君子不肯与小人为伍。（六三爻）“包羞”，是说小人们（之所以含羞忍辱，是因为）正处在不当的位置上。（九四爻）“有命无咎”，是自行其志向的表现。（九五爻）“大人”吉利，是因为处在恰当的位置上。（上九爻）闭塞达到顶点后，必然会倾覆，说明任何局面都不会持续太久。

同人【卦十三】天火同人

离下乾上

【原文】

同人[①]，同人于野[②]，亨，利涉大川。利君子贞。

初九：同人于门[③]，无咎。

六二：同人于宗[④]，吝。

九三：伏戎于莽[⑤]。升其高陵[⑥]，三岁不兴[⑦]。

九四：乘其墉[⑧]，弗克攻，吉。

九五：同人先号啕而后笑。大师克相遇。

上九：同人于郊，无悔。

【注释】

①同人：本卦下离上乾。离为火，乾为天，代表着处在上位的君王能够聚集民众。②同人于野：聚集天下之人。古代邦国的都城叫作“国”，都城以外的地方叫作“郊”，“郊”之外的地域称为“野”。同，会合、聚集。③门：王门，宫门。④宗：指用来祭祀祖先的宗庙。⑤伏戎

于莽：把军队埋伏在茂密的树林、草丛中。戎，军队。⑥升其高陵：将军队驻扎在高地上。⑦三岁不兴：很多年都没有兴起。三年，此处表示多年。⑧乘其墉（yōng）：登上那里的城墙。

【译文】

同人卦所象征的是集合众人。聚集天下之人，亨通，有利于渡过大江大河，有利于守正道的君子。

初九爻，将众人集合在王门外，（不分厚薄亲疏，广博无私），没有灾祸。

六二爻，在宗族里聚集众人，会招致麻烦。

九三爻，将军队驻扎在树林草丛里，虽然占据附近的制高点，但仍多年戒备，没有打仗。

九四爻，虽然准备向对方的都城进攻，但终究没有进攻，而自行返回，吉利。

九五爻，众人先是高声哭喊，后又放声大笑，大军初战告捷，胜利会师。

上九爻，聚集众人于城的近郊，（既不能做到同天下之人，也没有在宗族中聚众，可算得上无私），没有悔恨。

【原文】

《彖》曰：同人，柔得位得中而应乎乾，曰同人。同人曰："同人于野，亨，利涉大川"，乾行也。文明以健，中正而应，君子正也。唯君子为能通天下之志。

《象》曰：天与火，同人。君子以类族辨物[①]。出门"同人"，又谁咎也？"同人于宗"，吝道也。"伏戎于莽"，敌刚也。"三岁不兴"，安行也。"乘其墉"，义弗克也；其"吉"，则困而反则也。同人之"先"，以中直也。"大师"相遇，言相克也。"同人于郊"，志未得也。

【注释】

①类族辨物：区分种群，辨别物象人事等。类，名词用作动词，是分析、区别的意思。族，族类、种类。辨，辨别。物，原意为物类。

【译文】

《彖传》说：（离下乾上，阴爻六二作为一卦之主），出入柔顺的正位，又与（九五阳爻）相应，就是同人卦的卦象。同人卦说："同人于野，亨，利涉大川"，因为这样的举措顺乎天意。（离下为文明，乾上为刚健），文明而又刚健，中正而无偏颇，这是君子行正道。只有君子的心志能够和天下人相通。

《象传》说：天与火，构成了同人卦的卦象。君子应该将天下万物加以分类和辨别。（初九爻）到门外去聚集众人，（无偏无私），有谁会害怕招来灾祸呢？（六二爻）"同人于宗"，有困难。（九三爻）"伏戎于莽"，因为敌人力量太强大。"三岁不兴"，（欲斗而力不支），不能行动。（九四爻）"乘其墉"，发现自己不正义，因此没有进攻。最终获"吉"，是因为知困能返。（九五爻）同人之"先"，是因为战争是正义的。"大师"能够相遇，是因为打了胜仗。（上九爻）"同人于郊"，这说明（同天下之人的）志向没有实现。

大有【卦十四】火天大有

乾下离上

【原文】

大有[①]，元亨。

初九：无交害[②]，匪咎。艰[③]则无咎。

九二：大车以载，有攸往，无咎。

九三：公用亨于天子[④]，小人弗克。

九四：匪其尪[⑤]，无咎。

六五：厥孚交如[⑥]，威如[⑦]，吉。

上九：自天佑之。吉，无不利。

【注释】

①大有：本卦下乾上离。象征着太阳光照充足，表现的是政治清明、天下富裕的繁盛景象。②无交害：没有涉及害处。③艰：艰苦忧惧之心。④用亨于天子：将所有朝献给天子。亨，即享，朝献。⑤尪：邪曲不正。⑥厥孚交如：上位的人孚信待下，臣子诚信待上。交如：上下交信的样子。⑦威如：形容国君的威仪。

【译文】

大有，大通顺。

初九爻，未涉于害，（大有）本来无害，如果能以艰难戒惧之心行事，就无祸害。

九二爻，用大车运载，任重行远，无祸害。

九三爻，公侯将其所有朝献给天子，小人（普通人）做不到这一点。

九四爻，排除自己的邪曲不正，就没有祸害。

六五爻，他的诚信，使得上下互信，并且有威严，吉祥。

上九爻，上天来保佑他，吉祥，无往而不利。

【原文】

《彖》曰：大有，柔得尊位大中[①]，而上下应之[②]，曰“大有”。其德刚健而文明，应乎天而时行，是以元亨。

《象》曰：火在天上[③]，大有。君子以遏恶扬善[④]，顺天休[⑤]命。大有初九，无交害也。“大车以载”，积中[⑥]不败也。“公用亨于天子”，小人害也。“匪其尪，无咎”，明辨晰也。“厥孚交如”，信以发志也。“威如之吉”，易而无备也。大有上吉，自天佑也。

【注释】

①大中：这里指六五爻处君位，而又居中得正。②上下应之：大有卦中，六五阴爻居上卦中位，其余五条阳爻都来应和它。③火在天上：

喻指太阳在天空正中照耀。④遏(è)恶扬善：明察善恶。遏，制止。扬，表扬、发扬。⑤休：使美好。⑥积中：大车载物于其中，象征道积于其中。

【译文】

《彖传》说：从大有卦的卦象上看，因为阴柔处在尊位，居中得正，并能够得到其他阳爻的响应，所以称为“大有”。它的德刚健而文明，遵照天道的要求变化，无所不通。

《象传》说：（乾下离上），火在天上，（普照万物），所以称大有。君子应当阻止恶行、弘扬善行，顺应上天的德行，保护世间万物的性命。大有的初九爻，强调什么祸患都没有发生。（九二爻）“大车以载”，就像大车载物一样，道积于其中，不会覆败。（九三爻）“公用亨于天子”，小人处于这个位置，就要为害了。（九四爻）“匪其尫，无咎”，是因为非常明智，（知道盛极必衰的道理）。（六五爻）“厥孚交如”，说的是诚信从心中发出，并没有勉强。“威如之吉”，是说对臣下坦诚无私，推行简易。大有卦（不仅包括上九爻）的吉祥，是受到上天护佑的缘故。

谦【卦十五】地山谦

艮下坤上

【原文】

谦[①]，亨，君子有终[②]。

初六：谦谦君子[③]，用[④]涉大川，吉。

六二：鸣[⑤]谦，贞吉。

九三：劳[⑥]谦，君子有终，吉。

六四：无不利，抖谦[7]。

六五：不富以其邻。利用侵伐[8]，无不利。

上六：鸣谦。利用行师[9]，征邑国。

【注释】

①谦：本卦下艮代表山，上坤代表地，是高者在下的卦象。谦，谦虚、谦让。②有终：指做事能善始善终，得到好结果，有所成就。③谦谦君子：指态度谦虚但自我要求严格的人。④用：对……有利。⑤鸣：声音发于外。⑥劳：功劳。⑦抖（huī）谦：发挥谦德。⑧侵伐：讨伐。⑨行师：指带兵出征作战。

【译文】

谦卦象征着谦逊，百事亨通，只有君子能做到有始又有终。

初六爻，始终谦逊的君子，能够渡过大江大河，（克服一切困难险阻），吉祥。

六二爻，君子有谦逊的美名，依然保持谦虚，中正又吉祥。

九三爻，有功劳还能保持谦卑自处，君子能终生如此，吉祥。

六四爻，没有任何不利的地方，只要进退动息就能发挥谦虚之德。

六五爻，即使作为“不富”之阴爻，依然能得到别人的拥护，（有不服从的），就去讨伐他，征伐则无不利。

上六爻，有谦逊的名望，利于使用武力，征服自己管辖的地域。

【原文】

《彖》曰：谦，亨，天道下济[1]而光明，地道卑而上行。天道亏[2]盈而益[3]谦，地道变盈而流谦，鬼神害盈而福谦，人道恶盈而好谦。谦尊而光，卑而不可逾，“君子”之“终”也。

《象》曰：地中有山[4]，谦。君子以裒[5]多益寡，称[6]物平施[7]。“谦谦君子”，卑以自牧[8]也。“鸣谦，贞吉”，中心得也。“劳谦”君子，万民服也。“无不利，抖谦”，不违则也。“利用侵伐”，征不服也。“鸣谦”，志未得也。可用“行师，征邑国”也。

【注释】

①济：周济，普济。②亏：亏损，减少。③益：增益，补益。这里指自然生态系统的自在均衡。④地中有山：这是对谦卦卦象的描述，其下艮上坤，分别代表了山和地，故名。⑤裒（póu）：同“掊”，取出、减少。⑥称：这里是衡量、评判的意思。⑦施：施展。⑧自牧：指自我调养、自我调整。

【译文】

《彖传》说：谦则亨通。（艮下坤上），天道成就万物而光明，地道谦卑而地气上升。天道损害满的而增加谦逊的，地道将高处倾陷而将多余的流到更低处，鬼神损害满的而施加福气于谦逊的，人道讨厌盈满的而爱好谦逊的。谦虚，处于尊位则宽广涵容，处于卑位则不可超越，这就是君子的结局。

《象传》说：地中有山，是谦卦。君子取多补少，称量物品以保持公平。（初六爻）“谦谦君子”，是说君子能以谦卑之道自处，并坚持不懈。（六二爻）“鸣谦，贞吉”，是身处中正，而有所得。（九三爻）“劳谦”君子，必然得到百姓的拥护。（六四爻）“无不利，㧑谦”，因为这没有违背法则。（六五爻）“利用侵伐”，是要征伐那些蛮横顽固、不可一世的人。（上六爻）“鸣谦”，是自己感到谦之不足，便用武力征服自己的城邑，（自己解决自己内部的问题）。

豫【卦十六】雷地豫

坤下震上

【原文】

豫[1]，利建侯行师。

初六：鸣豫[2]，凶。

六二：介于石[3]。不终日，贞吉。

六三：盱[4]豫悔，迟有悔。

九四：由豫[5]，大有得。勿疑，朋盍簪[6]。

六五：贞疾，恒不死。

上六：冥豫，成有渝[7]，无咎。

【注释】

①豫：本卦下坤上震，分别代表着地和雷，有顺而动之象，所以名豫。豫，有安闲和乐之意，也有事有预备之意。②鸣豫：耽于逸乐的样子。鸣，心中有感而发。③介于石：形容像岩石一样坚硬。介，古文写作"砎"，坚硬。于，如、像。④盱：张开眼睛向上看。⑤由豫：即"犹豫"。⑥盍（hé）簪：迅速聚集，有嫉妒、非难之意。⑦渝：变化。

【译文】

豫卦，利于建国封侯，出兵打仗。

初六爻，耽于逸乐，有凶险。

六二爻，坚持自守而坚介如石，不待终日便能思虑明审，守正然后得吉。

六三爻，一味取悦上级，又优柔寡断，悔悟得迟了就有害。

九四爻，对大有得的事情，不要犹豫不决，不要疑惑，不要怕别人的非难之辞。

六五爻，因有人辅助救正，所以只是有疾病，虽久，不会死。

上六爻，昏昧而耽于逸乐，事情在向好的方面转化，所以无灾害。

【原文】

《彖》曰：豫，刚应而志行[1]，顺以动，豫。豫，顺以动，故天地如之，而况"建侯行师"乎！天地以顺动，故日月不过，而四时不忒。圣人以顺动，则刑罚清而民服。豫之时义大矣哉！

《象》曰：雷出地奋[②]，豫。先王以作乐崇[③]德，殷荐[④]之上帝，以配祖考。初六"鸣豫"，志穷凶也。"不终日，贞吉"，以中正也。"盱豫""有悔"，位不当也。"由豫，大有得"，志大行也。六五"贞疾"，乘刚也。"恒不死"，中未亡也。"冥豫"在上，何可长也？

【注释】

①刚应而志行：指豫卦的六爻中，只有九四是阳爻，其余五个阴爻全部在上下围绕相应，以五柔应一刚，所以说是"刚应"，志向自然也能得以实现。②雷出地奋：豫卦卦象中"坤"为地，"震"为雷，故名。奋，努力振动的样子。③崇：推崇，发扬。④殷荐：热烈地进献。殷，盛。荐，进献。

【译文】

《彖传》说：豫卦刚（九四爻）得到柔（五阴爻）的相应，君的志向得以实行。以合乎规律的方式行动，自然界尚且如此，何况是人世间封侯建国、出师征战的事。天地按照自然规律而动，所以日月的运行与四时的循环都没有过差。圣人根据自然的规律行动，就会刑罚清明，百姓顺从。豫卦的顺时而动真是意义重大啊。

《象传》说：雷出地动，是豫卦。先王据此创制了音乐，发扬光大自己的功德。在祭祀时将这盛大的音乐奏给上帝听，又将自己的德与祖考匹对。初六爻"鸣豫"，欢乐之极，乐极生凶。（六二爻）"不终日，贞吉"，就是因为能坚守中正之道。（六三爻）"盱豫""有悔"，因为（此爻）位置不中不正。（九四爻）"由豫，大有得"，是他的志向得到了广泛地推行。六五爻"贞疾"，（处逸豫之时，正应该耽于逸乐而死，却仅得病，因其）恰好受到阳刚之臣（九四爻）的辅佐；"恒不死"，是因为中气尚存，命脉还在。（上六爻）"冥豫”，处于昏昧状态还高高在上，这种情况怎么能长久呢？（必然会发生转变）。

随【卦十七】泽雷随

震下兑上

【原文】

随[①]，元亨，利贞。无咎。

初九：官[②]有渝，贞吉。出门交有功。

六二：系小子[③]，失丈夫[④]。

六三：系丈夫，失小子。随有求得[⑤]。利居贞。

九四：随有获，贞凶。有孚在道，以明[⑥]，何咎？

九五：孚于嘉[⑦]，吉。

上六：拘系之，乃从维[⑧]之。王用亨于西山。

【注释】

①随：本卦下震上兑，分别代表着“动”和“悦”，并且是动在内而悦在外。②官：指初九这一阳爻为随主，主即是官。③小子：即六三这一爻，它是阴爻，故称小子。④丈夫：指初九这一阳爻。⑤求得：指获得利益。⑥明：明哲保身。⑦嘉：善。⑧维：用绳子绑。

【译文】

随卦，（象征着）大通顺，固守贞正有利，无灾害。

初九爻，不可以主自居，要知变从权，还要固守正道，利于出门与他人结交。

六二爻，跟随（六三）小人，将失去（初九）君子，（君子和小人之道不可兼得）。

六三爻，跟随（九四）君子，失去（六二）小人。借随的机会有求必有得，但最好还是保持贞正而弗求。

九四爻，相随（九四）出外必有所收获，（然其势力凌驾于九五这一君位之爻），虽正仍凶险。保持诚信，又合于道，明哲保身，又会有什么危害呢？

九五爻，保持诚信于美善之道中，吉祥。

上六爻，将他拘留拴住，又去说服他。（周文王）让他去祭祀岐山。

【原文】

《彖》曰：随，刚来而下柔，动而说[①]，随。大“亨”，贞“无咎”，而天下随时。随时之义大矣哉！

《象》曰：泽中有雷，随。君子以向晦[②]入宴息[③]。“官有渝”，从正吉也。“出门交有功”，不失也。“系小子”，弗兼与也。“系丈夫”，志舍下也。“随有获”，其义凶也。“有孚在道”，“明”功也。“孚于嘉吉”，位正中也。“拘系之”，上穷[④]也。

【注释】

①动而说（yuè）：从随卦的卦象上看，表示动的“震”在内，而表示悦的“兑”在外，所以有此说。说，通“悦”。②向晦：向晚。向，方向。晦，阴暗、日落。③宴息：休息。④上穷：上六爻是随卦的最上爻，体现着物极必反的道理。

【译文】

《彖传》说：随卦，（震下兑上，刚下柔上），阳刚来屈居于阴柔之下，震动而喜悦，因此有众人相随。固守贞正则大亨通，无灾害，天下人都能伺机跟随他。跟随他的时机和意义真是重大啊！

《象传》说：泽中有雷，是随卦。君子在入夜后就入室休息。（初九爻）“官有渝”，所从得正，吉；“出门交有功”，不失其正。（六二爻）“系小子”，（君子与小人）没有办法兼得。（六三爻）“系丈夫”，坚定地舍了下边的小人（六二爻）。（九四爻）“随有获”，可能会导致凶险。“有孚在道”，有实际的作为而把功劳让给别人，（能获得吉利）。（九五爻）“孚于嘉吉”，是因为它既得正又居中。（上六爻）“拘系之”，已发展到了穷尽的地步，（穷尽则要发生改变）。

蛊【卦十八】山风蛊

巽下艮上

【原文】

蛊[①]，元亨，利涉大川。先甲三日，后甲三日[②]。

初六：干[③]父之蛊[④]，有子，考[⑤]无咎，厉终吉。

九二：干母之蛊，不可贞。

九三：干父之蛊，小有悔，无大咎。

六四：裕[⑥]父之蛊，往见吝[⑦]。

六五：干父之蛊，用誉[⑧]。

上九：不事王侯，高尚其事。

【注释】

①蛊（gǔ）：本卦下巽上艮，分别代表风和山，表现的是风在山下行，受阻，万物得不到风的发舒，长久必坏，故名“蛊”。②先甲三日，后甲三日：即甲日的前三天和甲日的后三天，也就是辛日和丁日。这句话是在说，用蛊的过程中，必须接受严格的时间和剂量上的限制。在我国上古历法中，每年分为十二月，每月分三旬，每旬的十天分别以甲、乙、丙、丁、戊、己、庚、辛、壬、癸来记数，以每旬的第一天作为甲日，第二天作为乙日，并以此类推。③干：繁体为“幹”，原意为树干，可以引申为调正、理直、滤干、去除等。④父之蛊：父辈的蛊乱，就是余毒。⑤考：先秦

时期，无论父亲在世或亡故，都可称作“考”。⑥裕：放松。⑦吝：形容艰难的样子。⑧用誉：使得到赞誉。

【译文】

蛊卦，大亨通，利于渡过大河大川（艰难险阻）。（治蛊不易，需深谋远虑），需“先甲三日”即辛日，（分析研究治蛊的缘由及方法），再“后甲三日”即丁日，（分析研究发展趋势，巩固治蛊的成果）。

初六爻，有儿子将父亲留下的蛊乱治理好，父亲则不会造成太大的危害。有儿子能纠正并继续父亲未竟的事业，最终也是吉利的。

九二爻，儿子治理母亲留下的蛊乱，不能过于固执己见，（因为九二刚而不正，六五柔而居尊位，以刚承柔，故不可）。

九三爻，儿子治理父亲留下的蛊乱，虽有小问题，但不会有大灾祸。

六四爻，悠游度日，不抓紧解决父辈留下的蛊乱，长此以往，将会很艰难。

六五爻，成功挽救遭父辈败坏的基业，就会受到人们的称赞。

上九爻，不去侍奉王侯贵族，保持自己高尚的志行。

【原文】

《彖》曰：蛊，刚上而柔下，巽而止，蛊。蛊“元亨”，而天下治也。“利涉大川”，往有事也。“先甲三日，后甲三日”，终则有始，天行也。

《象》曰：山下有风，蛊。君子以振民育德。“干父之蛊”，意承考也。“干母之蛊”，得中道也。“干父之蛊”，终无咎也。“裕父之蛊”，往未得也。“干父用誉”，承以德也。“不事王侯”，志①可则②也。

【注释】

①志：指人的志气、勇气。②则：准则、榜样、效法等。

【译文】

《彖传》说：蛊卦，阳刚居于上位而阴柔处于下位，（巽谦艮止，）止于谦逊，是蛊卦。蛊卦，大亨通（的开始），必然使得天下大治。“利涉大川”要断然而往，有所行动。“先甲三日，后甲三日”，有终局，才有开始，（循环往复），这是天地运行之道。

《象传》说：山下有风，是蛊卦。君子要振奋民心，培育百姓的品德。（初六爻）“干父之蛊”，是顺承了父亲的意志。（九二爻）“干母之蛊”，得到中道，（九二爻居下体之中，是得中道）。（九三爻）“干父之蛊”，（不免有小问题），终究不会产生大麻烦。（六四爻）“裕父之蛊”，会使问题变得越来越严重。（六五爻）“干父用誉”，是因为他传承了父亲的美德。（上九爻）“不事王侯”，这种高尚的心志是可以效法的。

临【卦十九】地泽临

兑下坤上

【原文】

临[1]，元亨，利贞，至于八月有凶[2]。

初九：咸[3]临，贞吉。

九二：咸[4]临，吉，无不利。

六三：甘[5]临，无攸利。既忧之，无咎。

六四：至临[6]，无咎。

六五：知[7]临，大君之宜，吉。

上六：敦[8]临，吉，无咎。

【注释】

①临：本卦下卦为兑，象征水泽，上卦为坤，象征堤岸。地下有泽便是临。②至于八月有凶：朱熹《周易本义》说："'八月'，谓自复卦一阳之月，至于遁卦二阴之月，阴长阳遁之时也。或曰：'八月'谓夏正八月，于卦为观，亦临之反对也。"③咸（初九爻）：用作"感"，感化。④咸（九二爻）：此处的咸用作"诚"，温和。⑤甘：甜。⑥至临：指君王亲自处理国事。⑦知：通"智"，明智。⑧敦：形容敦厚、诚实的样子。

【译文】

临卦，大亨通，固守贞正则有利，到八月则有凶险，（阳德从复卦一阳初长，到临卦二阳浸长，直到八月逐渐生长，最盛时将是转衰之时）。

初九爻，用感化的方式进行统治，又贞正又吉利。

九二爻，用温和的政策督导人，大吉，而无往不利。

六三爻，用甜美的巧言去取悦他人，自然无所利。如果能及时醒悟，知危而忧，则无过失。

六四爻，以极为亲近的方式统治百姓，无过失。

六五爻，君主明智地处理国家政事，是最适宜伟大君主的统治之道，大吉。

上六爻，用笃诚敦厚的方法治理百姓，吉祥，无过失。

【原文】

《彖》曰：临，刚浸而长[①]，说[②]而顺。刚中而应[③]。大亨以正，天之道也。"至于八月有凶"，消[④]不久也。

《象》曰：泽上有地，临。君子以教思无穷[⑤]，容保[⑥]民无疆。"咸临，贞吉"，志行正也。"咸临，吉，无不利"，未顺命也。"甘临"，位不当也。"既忧之"，咎不长也。"至临，无咎"，位当也。"大君之宜"，行中之谓也。"敦临"之吉，志在内也。

【注释】

①刚浸而长：这是对临卦的六爻说的。在本卦中，只有最下的两爻

是阳爻，以上都是阴爻，所象征的是阳气正在升起的景象。浸，逐渐、渐渐。②说（yuè）：通“悦”。③刚中而应：本卦的六爻中，位于“九二”位置的是阳爻，“六五”位置上是阴爻，从而在下卦的中位与上卦的中位位置形成刚柔相应的关系，所以说“刚中而应”。④消：指阴气正在减少。⑤教思无穷：指对老百姓的教导、关心要尽可能地持久。⑥容保：容纳并给予保护，就像堤岸给水泽提供的保护一样。容，容纳。保，保护。

【译文】

《彖传》说：临卦，（初九与九二两个刚爻在下），刚渐渐生长，（下兑上坤），悦而顺。（九二爻居于下体之中，且与上卦之中六五爻正应），所以刚居中与柔居中相应，大亨通，且贞正，这是天道。“至于八月有凶”，则是阴气消减的时间不会太久。

《象传》说：（下兑上坤），泽上有地，是临卦。君子应坚持不懈地教民念民，容民保民。（初九爻）“咸临，贞吉”，是因为志行中道。（九二爻）“咸临，吉，无不利”，没有顺从命令。（六三爻）“甘临”，因为（六三爻）的位置不当，（产生不好的结果）。但是，“既忧之”，危害便不会长久地持续。（六四爻）“至临，无咎”，是因为（此爻）在合适的位置上。（六五爻）“大君之宜”，是说他在奉行中正之道。（上六爻）“敦临”能获得吉利，是因为主动顺应阳刚，敦厚笃诚。

观【卦二十】风地观

坤下巽上

【原文】

观[1]，盥[2]而不荐[3]，有孚颙若[4]。

初六：童观[⑤]，小人无咎，君子吝。

六二：窥观，利女贞。

六三：观我生。进退。

六四：观国之光[⑥]。利用宾[⑦]于王。

九五：观我生，君子无咎。

上九：观其生[⑧]，君子无咎。

【注释】

①观：本卦下卦为坤，代表地，上卦为巽，代表风，所表现的是风行大地、吹拂万物的景象。朱熹《周易本义》中说此卦“有以示人，而为人所仰也”。②盥（guàn）：古代祭祀的一个环节，朱熹《周易本义》解释为：“将祭而洁手也。”③荐：古代庙中祭祀的一个步骤，贡献祭品。④颙（yóng）若：头颈挺直，尊严之貌。⑤童观：犹如儿童，童蒙稚昧地看。⑥光：盛德光辉。⑦宾：作为宾客，这里指等待朝觐君王。⑧其生：其他姓氏的部族。

【译文】

观卦，国君要像祭祀前先洁净双手那样，（精诚专一，严肃谨慎），不能像贡献祭品时那样，（心里散漫）。臣民们要头颈挺直，庄严诚敬。

初六爻，蒙昧无知地观看，对于小人而言，没有过失，对于君子而言，则为可羞之事。

六二爻，从门缝中观察外面的景物，对于女人来说，有利于坚守正道。

六三爻，观察自己的处境，时机可进则进，可退则退。

六四爻，观察国君的盛德光辉，最适宜于仕进于王朝。

九五爻，观察自己的言行，君子远离祸患。

上九爻，观察天下百姓，（忧国忧民），君子远离祸患。

【原文】

《彖》曰：大观[①]在上，顺而巽，中正以观天下[②]，观。“盥而不荐，有孚颙若”，下观[③]而化也。观天之神道，而四时不忒。圣人以神道设教，而天下服矣。

《象》曰：风行地上，观。先王以省[④]方，观民设教。“初六童观”，小人道也。“窥观”“女贞”，亦可丑也。“观我生进退”，未失道也。“观国之光”，尚宾也。“观我生”，观民也。“观其生”，志未平[⑤]也。

【注释】

①大观：是对卦象最上的两个阳爻而言的，用来喻指天下子民对君王仰观的情态。②中正以观天下：中正地观察天下。中，这里指九五爻。③下观：往上观看。④省：查看，视察。⑤志未平：心中的志向尚未得到安定。平，安静、安定。

【译文】

《彖传》说：国君（九五爻）在大观之位，有顺巽之德，坚持中正地观察天下，这就是观卦。“盥而不荐，有孚颙若”，通过对国君的瞻仰就可以感化天下臣民。体察天道的运行，如四季交替没有出现过偏差。盛德的人用神圣的道法来教化人民，自然得到天下臣民的信服。

《象传》说：（下坤上巽），风吹拂大地及地上的万物，是观卦。先王巡视各方，留心民风民俗，以求能教化民众。“初六童观”，这是小人之道。（六二爻）“窥观”“女贞”，（但如果男人这样做），就显得可耻了。（六三爻）“观我生进退”，是说没有失掉做事的标准。（六四爻）“观国之光”，是志愿仕进于王朝。（九五爻）想要“观我生”，（通过）观察百姓（的德行就知道了）。（上九爻）“观其生”，自己心中也难以平静。

噬嗑【卦二十一】火雷噬嗑

【原文】

噬嗑[①]，亨。利用狱[②]。

初九：屦校灭趾[③]，无咎。

六二：噬肤[④]灭鼻，无咎。

六三：噬腊肉，遇毒，小吝，无咎。

九四：噬干胏[⑤]，得金矢[⑥]。利艰贞，吉。

六五：噬干肉，得黄金[⑦]。贞厉，无咎。

上九：何[⑧]校灭耳，凶。

【注释】

①噬嗑（shì hé）：本卦下震上离。“噬”为用牙齿咬，“嗑”为合拢上下颚。噬嗑，本意为吃喝、咀嚼，此处引申为国家政治统治中的刑侦、刑罚、治狱等。②狱：指各种狱讼之类的事情。③屦（jù）校（jiào）灭趾：给双脚戴上刑具，遮盖住了脚趾。屦，鞋。校，也就是所谓的桎梏，古代木制的囚人刑具，用来固定颈项的叫作“枷”，用于囚禁手臂的叫作“梏”，用于囚禁双脚的叫作“桎”。④肤：肥肉。⑤干胏（zǐ）：指带着骨头的干肉。⑥金矢：指铜制的箭头。⑦黄金：是说六五具有某些卓越的条件。⑧何：应为“荷”的意思。

【译文】

噬嗑卦，亨通无阻，对治狱、使用刑法有利。

初九爻，脚上戴着脚镣，遮盖住了脚趾，（是轻微的惩罚），无祸害。

六二爻，咬肥肉，把鼻子都遮住了，（用刑森严但适宜），无祸害。

六三爻，咬腊肉，中了毒，只是小困难，无祸害。

九四爻，撕咬带骨头的干肉（象征去除奸邪），得到了箭矢（象征刚直不阿的品德），不怕艰难，坚守原则，代表吉祥。

六五爻，咀嚼干肉脯（象征治狱），得到刚硬之物（象征此爻的中正之位，又得到九四阳刚的辅佐），坚守正道且心存危惧，无祸害。

上九爻，头上的枷具遮住了耳朵，有凶险。

【原文】

《彖》曰：颐[1]中有物，曰“噬嗑”。噬嗑而“亨”，刚柔分，动而明，雷电合而章[2]。柔得中而上行，虽不当位，“利用狱”也。

《象》曰：雷电噬嗑，先王以明罚敕[3]法。“屦校灭趾”，不行[4]也。“噬肤灭鼻”，乘刚也。“遇毒”，位不当[5]也。“利艰贞吉”，未光[6]也。“贞厉无咎”，得当也。“何校灭耳”，聪[7]不明也。

【注释】

①颐：指人脸的两颊部位或两腮部位，此处借指嘴。②章：彰显。③敕（chì）：整理。④不行：指无法自由行动。⑤位不当：指“六三”阴爻出现在阳位上。⑥光：光明，清楚。⑦聪：此处指人的听觉，听得清楚。

【译文】

《彖传》说：嘴中有物（九四爻），就是噬嗑。噬嗑是亨通的，（下震上离，下阳上阴）刚柔分明，（震为雷，动；离为火，明），所以动而明，雷电合而彰显，（六五爻）居上体中位，虽然（阴爻居阳位，以柔居刚位、尊位）位置不当，却适宜于刑罚。

《象传》说：雷电聚集在一起，就像是牙齿咬合在一起一样，（雷能释放出威慑力，电能释放出光明），先王（就是从中得到启示）明确刑罚，整理法令。（初九爻）“屦校灭趾”，使人不能行走，（轻微的惩罚以使罪犯不再作恶）。（六二爻）“噬肤灭鼻”，（惩罚措施严厉），是因为凌驾在阳刚（初九阳爻）之上。（六三爻）“遇毒”，是因为没有在正当的位置上（不中不正）。（九四爻）“利艰贞吉”，没有见到光明。（六五爻）“贞厉无咎”，是处理得当的结果。（上九爻）“何校灭耳”，是因为耳朵听不清楚（听不进别人的劝告）。

贲【卦二十二】山火贲

离下艮上

【原文】

贲[①]，亨。小利有攸往。

初九：贲其趾[②]，舍车而徒。

六二：贲其须[③]。

九三：贲如，濡如，永贞吉。

六四：贲如皤[④]如。白马翰[⑤]如，匪寇，婚媾。

六五：贲于丘园，束帛戋戋[⑥]。吝，终吉。

上九：白贲，无咎。

【注释】

①贲（bì）：本卦下离（火）上艮（山），表现的是山下有火、锦绣壮丽的景象。“贲”，本意为修饰、文饰，引申为美化的意思。②贲其趾：给脚趾修饰上花纹。趾，脚趾。③贲其须：修饰胡须。须，胡须。④皤（pó）：头发白色。⑤翰：马头高昂的样子，这里形容马飞快奔跑的样子。⑥戋戋（jiān）：形容很少。

【译文】

贲卦，亨通，有所行动可得小利（不可过于文饰）。

初九爻，文饰他的脚，舍弃了车子而选择徒步前行。

六二爻，文饰他的胡须。

九三爻，文饰得鲜艳华丽，润泽充盈，（已到最盛的时候），永久保持贞正才能获得吉利。

六四爻，无所文饰，崇质返素。白马飞奔，不是盗寇，而是去求婚的人（去和初九爻相应，志同道合）。

六五爻，装饰园圃，礼物却很少，虽然吝啬，最终是吉祥的。

上九爻，文饰是纯白的，（素朴无文），无祸害。

【原文】

《彖》曰：贲亨，柔来而文刚，故亨。分刚上而文柔，故“小利有攸往”。刚柔交错，天文也。文明以止，人文也。观乎天文，以察时变。观乎人文，以化成天下。

《象》曰：山下有火，贲。君子以明庶政[①]，无敢折狱[②]。“舍车而徒”，义弗乘也。“贲其须”，与上兴[③]也。“永贞”之“吉”，终莫之陵也。六四，当位疑也。“匪寇婚媾”，终无尤也。六五之吉，有喜也。“白贲，无咎”，上得志也。

【注释】

①庶政：指需要处理的日常政务，此处代指决狱。②无敢折狱：指不敢随随便便地断案。③上兴：指六二爻依附于它上面的九三爻，随其而动。

【译文】

《彖传》说：贲卦象征着亨通，是用柔文饰阳刚，所以亨通。（上九这一阳爻）文饰下卦之柔，（使之光明）。刚柔交错是天文。（下离上艮，离为文明，艮为止），文明而止，就是人文。观察天文可以知道四时的变化，观察人文可以感化天下人。

《象传》说：山下有火，是贲卦。君子在审理案件时要及时，不留狱，同时又要谨慎行事，不可草率。（初九爻）“舍车而徒”，因为不乘车是合宜的。（六二爻）“贲其须”，是为了随着它的上一爻（九三爻）而动。（九三爻）“持续永远如此”则获得“吉祥”，是因为没人能欺凌它。六四爻，（在离明之外，艮止的时候，是返璞归真的临界点，是继续文饰，还是由文返质），在两种意向中犹豫不决。“匪寇婚媾”，（最终还是走向返质之途），最终没有怨尤。六五爻显示出吉祥，是因为心中对由文返质充满喜悦。（上九爻）“白贲，无咎”，是因为符合（上九）崇尚实质的心志。

剥【卦二十三】山地剥

坤下艮上

【原文】

剥[①]，不利有攸往。

初六：剥床[②]以足，蔑[③]，贞凶。

六二：剥床以辨[④]，蔑，贞凶。

六三：剥之，无咎。

六四：剥床以肤，凶。

六五：贯鱼，以宫人宠，无不利。

上九：硕果不食，君子得舆，小人剥庐[⑤]。

【注释】

①剥：本卦下坤上艮，分别代表地和山，是高山屹立于大地之上的形象，象征着高山历经风雨的侵蚀，导致山石剥落，世事变迁。剥，这里是击打、使分离、使掉落的意思。②床：易学家廖名春将其读作“壮”，认为床与壮通，即是阳。剥卦就是阴不断剥阳的过程，可通。③蔑：通“灭”。④辨：即半。⑤剥庐：离开居住的草房子。庐，草房子。

【译文】

剥卦，不宜有所行动。

初六爻，阴开始剥阳，凶险。

六二爻，阴剥阳刚到（下卦的）一半，凶险。

六三爻，（因为与上九阳爻相应，尽管也在）剥阳，没有危害。

六四爻，阴剥到阳的表皮（上卦），凶险。

六五爻，像贯穿鱼串（那样串起众阴爻），像宫人（侍奉国君）那样（因而）得到宠爱，没有什么不利的迹象。

上九爻，像一只硕大的果实没有被吃掉，（如果是）君子就能得到车舆（得到众人的拥护），（如果是）小人就要倾覆掉自己所住的屋子（将君子全部剥尽后，连自己也没有了安身之地）。

【原文】

《彖》曰：剥，剥也，柔变刚[①]也。“不利有攸往”，小人长[②]也。顺而止之，观象也。君子尚消息盈虚，天行也。

《象》曰：山附于地，剥。上以厚下安宅。“剥床以足”，以灭下也。“剥床以辨”，未有与[③]也。“剥之，无咎”，失上下也。“剥床以肤”，切近灾也。“以宫人宠”，终无尤也。“君子得舆”，民所载也。“小人剥庐”，终不可用也。

【注释】

①柔变刚：剥卦的六爻中，前五爻全部为阴，只有最后一爻为阳，显示的是阴柔不断侵蚀阳刚的过程。②小人长（zhǎng）：用阴强阳弱的卦象喻指人事，表现小人的力量正在向上发展，迅速壮大。③未有与：这里指没有应爻。

【译文】

《彖传》说：剥卦，是说剥落，（一阳爻，五阴爻，正是阴胜阳衰之象），柔要不断侵蚀刚。不利于有所作为，是因为小人势力正强。要观察顺止之象，顺时而止。君子看重事物的消长盈虚，正是天道运行的规律。

《象传》说：（下坤上艮），山附于地上，是剥卦。处于上位的人应该厚待下民，以便自己也能安居。（初六爻）“剥床以足”，是阴剥阳的开始。（六二爻）“剥床以辨”，（六二爻阴柔居中得正），是因为没有人（阳刚之爻）来应和帮助它。（六三爻）“剥之，无咎”，脱离了上下（其他四阴爻）的同类，（独与上九阳爻相应）。（六四爻）“剥床以肤”，说明灾祸马上就要来临。（六五爻）“以宫人宠”，终究没有过失。（上九爻）“君子得舆”，说明收到了百姓的拥戴，“小人剥庐”，结果终究是不好的。

复【卦二十四】地雷复

震下坤上

【原文】

复[①]，亨。出入无疾[②]，朋[③]来无咎。反复其道，七日来复[④]。利有攸往。

初九：不远复。无祇[⑤]悔，元吉。

六二：休[⑥]复，吉。

六三：频复，厉无咎。

六四：中行[⑦]独复。

六五：敦复，无悔。

上六：迷复。凶，有灾眚[⑧]。用行师，终有大败。以其国君凶，至于十年不克征。

【注释】

①复：本卦下震上坤，震为阳、为动，坤为阴、为顺。从卦象看，一个阳爻在五个阴爻之下，正是阴极阳返之象，故名为复。②疾：害。③朋：诸阳。④七日来复：剥与复是反对卦，剥卦阴长阳消，经过七次变化，就变为复卦。⑤祇（zhī）：病。⑥休：美满。⑦中行：持中而行。⑧眚（shěng）：灾祸，过错。

【译文】

复卦，亨通顺畅。（初九爻这一阳）生于内长于外都没有害处，因为诸阳都会来协助它，所以没有阻碍。朋友前来也不会有什么过失。阴阳随着规律消长，过七天就会到了回复之时，（君子道长，小人道消），行动有利。

初九爻，往而不远就来回复，这样做无病无灾，大吉。

六二爻，美满地走回正道，吉祥。

六三爻，蹙额皱眉地回复，有危险但最终无害。

六四爻，位居阴爻的正中，持中而行，独自复归正道。

六五爻，敦厚忠实地回复，没有悔恨。

上六爻，迷入歧途而难以走回正道，有凶险。有灾祸，行师作战终究会大败。国君治国效果也不好，以至于十年之期也不能出征。

【原文】

《彖》曰：复亨，刚反[①]，动而以顺行，是以“出入无疾，朋来无咎”。“反复其道，七日来复”，天行也。“利有攸往”，刚长也。复其见天地之心乎！

《象》曰：雷在地中，复。先王以至日[②]闭关，商旅不行，后不省方。“不远”之“复”，以修身也。“休复”之吉，以下仁也。“频复”之“厉”，义无咎也。“中行独复”，以从道也。“敦复，无悔”，中以自考也。“迷复”之凶，反君道也。

【注释】

①刚反：复卦下震上坤，阳卦“震”为刚，阴卦“坤”为柔，按“下为内上为外”的原则，形成“刚返于内”，代表一阳生，在不断反复之后逐渐壮大起来。②至日：指的是冬至那一天。

【译文】

《彖传》说：复卦的卦象象征着亨通，阳刚之气返回，（下震上坤，震为动，坤为顺），顺乎自然地行动，因此“出入无疾，朋来无咎”。阴阳随着规律消长，过七天就会到了回复之时，这是天地运行的规律。利于有所行动，是因为刚在生长。从复卦中，我们可以看到天地之心（不以人的意志为转移的自然规律）啊！

《象传》说：（下震上坤）雷在地中，就是复卦。先王从中得到领悟，到了冬至这天，就开始关闭城门，让商人们都暂停经商活动，君主也暂停巡视地方。（初九爻）刚刚开始时知错能改，就能回复正途，吉祥，目的是加强自身修养。（六二爻）完美地走回正道，是因为（六二爻）能向下亲近仁德之人。（六三爻）蹙额皱眉地回复有灾难，但只要努力履行回归正道，总是无害的。（六四爻）“中行独复”，说明它遵循了正道。（六五爻）“敦复，无悔”，是因为（六五爻）用正道来成就自我。（上六爻）停止回归正道而面临险境，是因为违背了君主应该遵行的道的缘故。

无妄【卦二十五】天雷无妄

震下乾上

【原文】

无妄①，元亨利贞。其匪②正有眚③，不利有攸往。

初九：无妄，往吉④。

六二：不耕获，不菑⑤畬⑥，则利有攸往。

六三：无妄⑦之灾，或系之牛，行人之得，邑人之灾。

九四：可贞，无咎。

九五：无妄之疾，勿药有喜。

上九：无妄，行有眚，无攸利。

【注释】

①无妄：本卦下震上乾，震为雷、为刚、为动，乾为天、为刚、为健。

动健相辅相成，从而使阳刚更显充沛，振奋人心，虽然会大有作为，但须遵循正道，不可妄为。无妄，行为要合乎规律的意思。②匪：通"非"，不。③眚（shěng）：原指眼睛上的疾病，此处引申为祸殃。④往吉：指"初九"以阳居"无妄"之始，处阴柔之下，有谦恭不妄为之象，故"往吉"。⑤菑（zī）：指新开垦出来的荒地。⑥畬（yú）：指翻种过三年以上的熟地。⑦无妄：出乎意料，意料之外。

【译文】

无妄卦，大亨通，贞正有利。如果行为不遵守正道，就会有灾祸发生，有所往则不利。

初九爻，不妄为，（遵循天道），行动则吉利。

六二爻，不求收获，也不耕种，不为了求三年之田而去开垦荒地，（不求富有，随遇而安，只做眼前能做的事），（抱此态度），行动有利。

六三爻，无缘无故地遭受灾祸，就像有人把耕牛拴在村边道路旁，却被从此经过的人把牛牵走，结果让本村的人蒙受不白之冤，被怀疑成偷牛的人。

九四爻，固守不动，没有灾祸。

九五爻，无缘无故地得病，不需要急着用药，它会自动痊愈。

上九爻，不要乱来，虚妄之行会造成灾祸，没有一点好处。

【原文】

《彖》曰：无妄，刚自外来而为主于内[1]。动而健，刚中而应，大亨以正，天之命也。"其匪正有眚，不利有攸往"，无妄之往，何之矣？天命不佑，行矣哉！

《象》曰：天下雷行，物与[2]无妄。先王以茂[3]对时育万物。"无妄往"，得志也。"不耕获"，未富也。"行人"得牛，"邑人"灾也。"可贞，无咎"，固有之也。"无妄"之药，不可试也。"无妄"之行，穷之灾也。

【注释】

①为主于内：这是从无妄卦的卦象上说的，作为内卦的"震"由

坤卦变成，其中初九爻以阳爻在内卦，且是成卦之主，即为“为主于内”。②物与：即“万物参与”，指的是万物随雷声而动的景象。与，语气词，无实义。③茂：同“懋”，勉励。

【译文】

《彖传》说：无妄卦，（震卦自坤体来，震指初九爻即来自卦外，同时又处于内卦，是成卦之主），（初九爻）刚从外面来，而成为内卦之主，（下震上乾，震动乾健），动而健，九五爻以刚居中得正，而与六二（以柔居中得正）相应，大亨通且贞正，正是自然的规律。“其匪正有眚，不利有攸往”，肆意地行动，能向哪里去呢？做事不符合规律，怎么行得通呢？

《象传》说：（下震上乾，震为雷，乾为天），天下雷行，世间万物开始茁壮生长，就是无妄卦。先王因此勉励人们顺应四时养育万物。（初九爻）“无妄之往”，是说这样能够得志。（六二爻）“不耕获”，是因为没有求富贵的意愿。（六三爻）行人牵走了牛，却使同村人蒙受了巨大的冤屈。（九四爻）“可贞，无咎”，是由它自身的原因决定的。（九五爻）不要因为“无妄之疾”而随意去试药，（要顺时处常，泰然处之）。（上九爻）“无妄”之行，是因为正处于穷之时，而灾祸生于外。

大畜【卦二十六】山天大畜

乾下艮上

【原文】

大畜[①]，利贞。不家食[②]，吉。利涉大川。

初九：有厉，利已。

九二：舆说輹[③]。

九三：良马逐[④]，利艰贞。日闲舆卫，利有攸往。

六四：童牛之牿[⑤]，元吉。

六五：豮豕[⑥]之牙，吉。

上九：何[⑦]天之衢，亨。

【注释】

①大畜：本卦下乾上艮，分别代表天和山，象征着太阳的光辉照耀在山中。畜，通“蓄”，此处有蓄聚的意思。大畜，积蓄很多。②不家食：指不在家中进食，也就是说“到家乡之外的地方去谋生”。③舆说輹（fù）：指车厢脱离了车轴。舆，车厢。说，这里用作“脱”，脱离。輹，古代木制车辆用以连接车厢和车轴的曲形部件，在形状上如同一只兔子趴在车轴上，所以又有“伏兔”的俗称，这里指代车轮。④良马逐：这里指驾驭良马奔驰。⑤童牛之牿（gù）：根据易学加廖名春的解释为脱去牛的笼口。童，光、秃，引申出脱去之意。⑥豮（fén）豕（shǐ）：去势的猪。⑦何：用作“荷”，承受。

【译文】

大畜卦，坚守正道利于贞正。不靠家里吃饭（而是报效国家），有利于吉利。渡过大江大河（帮助国家渡过灾难）。

初九爻，有危险，停止不前进有利。

九二爻，车厢脱离了轮子，（自然会停下来不再前进）。

九三爻，驾驭良马赶路，小心谨慎、坚守正道可以免除危害。把兵车闲置起来，（偃武修文，以德服人）来防护他人，这样去行动则有利。

六四爻，脱去牛的笼口，大吉。

六五爻，受过阉割的公猪牙齿锋利，（却因为克服了凶猛的本性，变得没有威胁），吉利。

上九爻，天衢坦荡，任人驰骋，亨通。

【原文】

《象》曰：大畜，刚健笃实[①]辉光，日新[②]其德，刚上而尚贤，能健止[3]，大正也。“不家食，吉”，养贤[4]也。“利涉大川”，应乎天也。

《象》曰：天在山中[5]，大畜。君子以多识前贤往行，以畜[6]其德。“有厉，利已”，不犯灾也。“舆说輹”，中无尤也。“利有攸往”，上合志也。六四“元吉”，有喜也。六五之“吉”，有庆也。“何天之衢”，道大行也。

【注释】

①刚健笃实：分别指大畜卦中“乾”所代表的刚健和“艮”所代表的厚实。②日新：形容一天新于一天的样子。“日新其德”是《大畜卦》思想的中心。③能健止：指代表静止的“艮”能够控制“乾”的运动节奏，代指为国家蓄养贤才。④养贤：指培养、蓄养有贤能的人才。养，培养。贤，贤才。⑤天在山中：天至大，却有很多小山蕴蓄在其中，便是积累深厚，是大畜。⑥畜：通“蓄”。

【译文】

《彖传》说：大畜卦，刚健笃实，辉光照耀，天天都有新的气象。它的道德以阳刚充满着上进之势（上九爻）而（六五爻）又能尊重贤人，能够止健（为国家蓄养贤才），是正确的大道。“不家食，吉”，正是国君的养贤之道。“利涉大川”，是因为这种追求符合了天道。

《象传》说：（下乾上艮），天在山中，是大畜卦。君子应该多认识学习前贤的言语学问，借以修养自己的品德。（初九爻）“有厉，利已”，可以避免灾难。（九二爻）“舆说輹”，（九二）以刚得中，没有冒进之尤。（九三爻）“利有攸往”，是说九三爻与上九爻相呼应，因而无所障碍。六四爻的“大吉大利”，（获得解放），是可喜的。六五爻所显示的“吉祥”，是可庆贺的。（上九爻）“何天之衢”，大道可以畅行无阻。

颐【卦二十七】山雷颐

震下艮上

【原文】

颐[①]，贞吉。观[②]颐，自求口实[③]。

初九：舍尔灵龟，观我朵颐[④]，凶。

六二：颠[⑤]颐，拂经[⑥]于丘颐。征凶。

六三：拂颐，贞凶。十年勿用，无攸利。

六四：颠颐，吉。虎视眈眈，其欲逐逐[⑦]，无咎。

六五：拂经，居贞吉，不可涉大川。

上九：由颐，厉吉。利涉大川。

【注释】

①颐（yí）：本卦下震上艮，分别代表雷和山，象征着雷从山中出现，就是指春季气候正在逐步回暖，也是天地正在养育生发万物。颐，这里是“养育”的意思。②观：观察，研究。③口实：指口中的食物。这里指自养之道。④朵颐：形容因咀嚼起劲且口中充塞食物而两腮隆起的样子，喻指大吃大喝。朵，原指树枝下垂的样子，这里指两腮隆起的样子。颐，指面部的两腮部位。⑤颠：颠倒。⑥拂经：这里指不可拘泥于《易经》常提的“应与”之常理。⑦逐逐：坚定地要孜孜以求。

【译文】

颐卦，只要能坚守正道就可以获得吉祥的结果。观察他的养人之道，也观察他的自养之道。

初九爻，放弃你（六四爻）的灵龟靠呼吸静养的特性，而观看（六二、六三）受我大快朵颐之养，这是不吉利的。

六二爻，（六二求养于初九），虽是颠倒的养，（但适宜），不可拘泥于应与之常，而去应于六五（艮为山，有丘象），（非正应），往必有凶险。

六三爻，违背同体相养之道（六三与上九正应，但不是同体，不能相养），虽贞正仍凶险。十年不得其养，无所利。

六四爻，（六四本与上九同体，而与初九相应，本应养于同体上九，却求养于初九，所以）颠倒之养，吉利。像老虎那样盯住一物便专心以求，非达目的不可，所以无害。

六五爻，（六五本该与六二相应，现在二阴爻却不相应，而与上九比，所以）反常的养，需要居中静守，不可渡大江大河（不可妄动）。

上九爻，（四阴爻都赖二阳爻之养，二阳爻以上九为主，所以四阴爻）都赖其所养，需要戒慎恐惧，才能得吉，有利于渡过大江大河（解决艰难的问题）。

【原文】

《彖》曰：颐“贞吉”，养正①则吉也。“观颐”，观其所养也。“自求口实”，观其自养也。天地养万物，圣人养贤以及万民。颐之时②大矣哉！

《象》曰：山下有雷③，颐。君子以慎言语，节饮食。“观我朵颐”，亦不足贵也。六二“征凶”，行④失类⑤也。“十年勿用”，道大悖也。“颠颐”之“吉”，上施光也。“居贞”之吉，顺以从上也。“由颐，厉吉”，大有庆也。

【注释】

①养正：指养身在于坚持正道。②时：此处其实是包含时间、地点和对象的综合体。③山下有雷：从颐卦的卦象上看，下位为震、为雷，上位为艮、为山，故说山下有雷。④行：行为。⑤类：指同类、朋友。

【译文】

《彖传》说：颐卦“贞吉”，养生必须遵循正道才能获得吉祥。“观颐”就是观察他的养人之道。“自求口实”，就是观察他的自养之道。天地养育万物，圣人养育贤人以及百姓，

（这就是养的正道）。颐养之时机真是重要啊！

《象传》说：（下震上艮），山下有雷，是颐卦。君子从中领悟到要出言谨慎、节制饮食的道理。（初九爻）“观我朵颐”，也实在是算不得高贵的行为。六二爻的“征凶”，是说失去了同类（没有求同体的初九）。（六三爻）“十年勿用，是因为违背同体相养之道。（六四爻）“颠颐”之“吉”，是说天道能够施撒广泛的恩德。（六五爻）“居贞”之吉，是因为柔顺，而从于上九之所养。（上九爻）“由颐，厉吉”，是天下人可庆祝的。

大过【卦二十八】泽风大过

巽下兑上

【原文】

大过[1]，栋[2]桡[3]，利有攸往[4]，亨。

初六：藉[5]用白茅[6]，无咎。

九二：枯杨生稊[7]，老夫得其女妻，无不利。

九三：栋桡，凶。

九四：栋隆[8]吉，有它吝。

九五：枯杨生华，老妇得其士夫，无咎无誉。

上六：过涉灭顶[9]，凶。无咎。

【注释】

①大过：本卦下巽上兑，分别代表木和泽，象征着泽水淹没了木舟，其初、上为阴爻，中壮而端弱，突出了“折毁”的寓意，表明事情可能遭受栋折梁摧的危险。大过，即“太过”的意思。②栋：指的是木结构房屋中居于正中最高位置的横梁。③桡（ráo）：通“挠”，弯曲。④利

有攸往：正梁被压弯预示着房屋已变成危房，居住的人有受伤的危险，最好离开。⑤藉：草席，竹席，此处意为“铺垫”。⑥白茅：一种柔软洁白、较为贵重的茅草。⑦稊（tí）：此处用作“荑”，草木新生、发芽。⑧隆：形容中间高耸起来的样子。⑨灭顶：形容水淹过头顶的情态。

【译文】

大过卦，房屋栋梁弯曲，正好利于人到别的地方，前景顺畅亨通。

初六爻，把白茅垫放在器物底下，（让器物变得更加安稳），无害。

九二爻，枯老的杨树又重新长出新芽，年老的男子娶了年轻的妻子，无不利。

九三爻，正梁弯曲，有凶险。

九四爻，正梁向上隆起，没有弯曲，结果吉祥。有别的变故，凶险。

九五爻，枯木抽新枝，年老的妇人嫁给年轻的男人，无过失也得不到人们的赞誉。

上六爻，涉水渡过淹没头顶的河流，有凶险，但最终无祸害。

【原文】

《彖》曰：大过，大者过也[①]。“栋桡”，本末弱也[②]。刚过而中，巽而说行。“利有攸往”，乃“亨”。大过之时大矣哉！

《象》曰：泽灭木，大过。君子以独立不惧，遁世无闷[③]。“藉用白茅”，柔在下也。“老夫”“女妻”，过以相与[④]也。“栋桡”之“凶”，不可以有辅也。“栋隆”之“吉”，不桡乎下[⑤]也。“枯杨生华”，何可久也！“老妇”“士夫”，亦可丑也！“过涉”之“凶”，不可咎也。

【注释】

①大者过也：大过失。②本末弱也：大过卦的“初九”和“上九”为阴，其余为阳，为本末弱小的卦象。③遁世无闷：隐居也心无烦忧的样

子。遁，归隐、逃避。世，世俗。闷，烦闷、烦扰。④相与：相处，相配。⑤不桡乎下：不向下弯曲，也就是“不给下面施加压力”的意思。

【译文】

《彖传》说：大过，大的过失。正梁弯曲，是因为本末太弱（都是阴爻）。（中四刚爻强，是谓刚过；九二、九五是刚爻居中，是谓中）虽然刚过而中，但（初六、上六两爻）以巽顺和悦而行，有利于行动，有所往，则事可亨通。大过卦的时机真是重大啊！

《象传》说：大水淹没了树梢，是大过卦。君子应该入世时独立不倒、毫不畏惧，隐居遁世时也过得悠然。（初六爻）“藉用白茅”，柔软的在下面。（九二爻）“老夫”“女妻”，虽（老夫）有阳之过，但与女妻相济，可相得。（九三爻）“栋桡”之“凶”，不可能再添加辅助了。（九四爻）“栋隆”之“吉”，不再向下弯曲了。（九五爻）“枯杨生华”，但这样的景象怎会持久呢？“老妇”“士夫”，这样的婚配让人感觉羞耻。（上六爻）“过涉”之“凶”，并不是值得追究的过失。

坎【卦二十九】坎为水

坎下坎上

【原文】

习坎①，有孚。维心②亨，行有尚③。

初六：习坎，入于坎窞④，凶。

九二：坎有险，求小得。

六三：来之坎坎，险且枕。入于坎窞，勿用。

六四：樽酒，簋贰⑤，用缶，纳约自牖⑥，终无咎。

九五：坎不盈，祇[⑦]既平，无咎。

上六：系用徽纆[⑧]，寘于丛棘[⑨]，三岁不得，凶。

【注释】

①习坎：本卦同卦相叠，两坎相重，均为险、为水，象征着险阻重重的样子。习，重复。坎，深坑、陷阱。②维：系也，也有陷之意。心：指坎中间的阳爻。③尚：上之意。④窞（dàn）：指极深的坑、坑中之坑。⑤簋（guǐ）贰：附以一簋饭。簋，古代用来装饭的一种器皿。贰，副。⑥牖（yǒu）：窗户。古人一般户在东，牖在西，是屋子的采光处。⑦祇（zhī）：应为“坻”，小山丘。⑧徽纆（mò）：指拘系犯人用的绳索。⑨丛棘：这里指监狱。古代的监狱在外墙上围上荆棘，以防犯人逃跑。

【译文】

坎卦，险阻重重。中实（有生生不息之机），虚灵而亨通，往上行走。

初六爻，处在重重困难之中，坠入陷阱，有凶险。

九二爻，置身于陷阱中而无法脱身，能在一定程度上解决些小问题。

六三爻，进退都有危险，甚至有险中之险，不要有所作为。

六四爻，放上一樽酒、附以一簋饭，用缶做樽做簋，在窗户处（即明处）与人交结，最终将无害。

九五爻，陷阱还没有填平，小土丘已经被铲平，没有灾祸。

上六爻，被绳索捆绑着，被囚在牢狱中，连续多年都不得释放，有凶险。

【原文】

《彖》曰：习坎，重[①]险也。水流而不盈[②]，行险而不失其信。“维心亨”，乃以刚中[③]也。“行有尚”，往有功也。天险，不可升也。地险，山川丘陵也。王公设险以守其国。险之时用大矣哉！

《象》曰：水洊[④]至，习坎。君子以常德[⑤]行，习教事。“习坎”入坎，失道凶也。“求小得”，未出中也。“来之坎坎”，终无功也。“樽酒簋贰”，刚柔际也。“坎不盈”，中未大也。上六失道，凶“三岁”也。

【注释】

①重（chóng）：形容程度极深的样子。②不盈：不满，不停。③刚中：指“九二爻”与“九五爻”性质阳刚，居于上下坎卦的中位。④洊（jiàn）：一次又一次。⑤常德：修养德行。

【译文】

《彖传》说：习坎卦象征着重重险阻。水流而永远不盈满，即使处于险地也不会失去它的诚信（不舍昼夜地流淌）。“维心亨”，是因为卦中九二爻与九五爻都是刚而居中。“行有尚”，是说（九二爻往应九五爻，即往上行）前往就能建立功业。天险，不可以升到天上。地险就像是山川丘陵这样的阻隔，王公大臣可以利用这些险阻来守卫国家的安全。把握好坎卦的时机以利用它真是太重要了！

《象传》说：水流一次次涌来，是习坎卦。君子应该修养德行，熟习教育。（初六爻）“习坎”入于险难之中，迷失了道路而面临凶险。（九二爻）“求小得”，是因为它没有离开中道，（安于险境之中，不求大得）。（六三爻）“来之坎坎”，终究没有功效。（六四爻）“樽酒簋贰”，刚柔相接。（九五爻）“坎不盈”，是说九五爻居中而不自大，（方可保持水不盈的状态）。上六爻没有坚守正道，所以遭受了多年凶险。

离【卦三十】离为火

离下离上

【原文】

离[①]，利贞，亨。畜牝牛[②]吉。

初九：履错然[③]，敬之无咎。

六二：黄离[④]，元吉。

九三：日昃之离，不鼓缶而歌，则大耋[⑤]之嗟，凶。

九四：突如其来如。焚如，死如，弃如。

六五：出涕沱若[⑥]，戚嗟若。吉。

上九：王用出征，有嘉折首[⑦]。获匪其丑[⑧]，无咎。

【注释】

①离：本卦同卦相叠，下离上离，离为火，火不能自明，必须有所附丽。离，通“丽”，依附，附丽。 ②牝牛：母牛。 ③履错然：脚步错乱。履，脚步。错然，交错、杂乱无序。 ④黄离：黄，东西南北中五色里的中色，在当时是贵色、美好的颜色。 ⑤大耋（dié）：六十岁至八十岁的老人。 ⑥出涕沱若：形容泪如雨下的样子。涕，眼泪。沱若，形似下雨的样子。 ⑦折首：铲除首领。 ⑧丑：胁从。

【译文】

离卦，坚守正道则有利，顺利亨通。（像）畜养柔顺的母牛（那样养成温顺的性格），结果吉祥。

初九爻，（开始行动躁进），脚步杂乱无章，恭敬谨慎地对待，就不会有害。

六二爻，黄色附丽于物（六二爻以阴居阴得正，且居中，是离卦主爻），大吉。

九三爻，太阳西坠，附着在天空，（生命将至垂暮之年），人们不是击缶而歌（不当乐而乐），便是哀叹老之将至（不当悲而悲），这本身就是一件凶险的事。

九四爻，太阳的起落好像突然之间来到，然后上升到高处，炎热得像焚烧着似的，再如同死亡一样的沉寂，最终因背离了以柔顺中正的“离道”而被众人所抛弃。

六五爻，眼泪如雨滂沱而下，心中有深深的忧虑，但是结果是吉祥的。

上九爻，王派他去讨伐不义，他只斩杀敌军首领，俘虏敌人的部属，没有过错。

【原文】

《彖》曰：离，丽[①]也。日月丽乎天，百谷草木丽乎土。重明[②]以丽乎正，乃化[③]成天下。柔丽乎中正[④]，故“亨”。是以“畜牝牛吉”也。

《象》曰：明两作[⑤]，离。大人[⑥]以继明照于四方。“履错”之“敬”，以辟[⑦]咎也。“黄离，元吉”，得中道也。“日昃之离”，何可久也！“突如其来如”，无所容也。六五之吉，离王公也。“王用出征”，以正邦也。“获匪其丑”，大有功也。

【注释】

①丽：附丽。②重明：离卦卦象由两个离卦组成，都表示光明，所以称“重明”。③化：化育，繁衍。④柔丽乎中正：离卦上下两卦的中位都代表着阴柔——“六二”为柔，“六五”也为柔，所以称“柔丽乎中正”。⑤明两作：离卦由两个离卦组成，“离”代表明，所以称“明两作”。作，这里是兴起的意思。⑥大人：这里是对具有大德大才的当权者的一种称呼。⑦辟：通“避”，躲避。

【译文】

《彖传》说：离卦象征着附丽。日月附丽于天空中，百谷草木附丽在大地上，双重的光明附丽在中正的大道上，所以化育天下万物。（六二与六五两个阴爻），柔而附丽在卦的中正之位，所以亨通，因此“畜牝牛吉”。

《象传》说：光明两次兴起，是离卦。圣人应该世世代代继承前人的明德，并将其普照四方。（初九爻）“履错”之“敬”，是为了避免过错。（六二爻）“黄离，元吉”，是因为依附于中正之道。（九三爻）“日昃之离”，（就像人必然会步入老年一样），怎么可能长久呢？（九四爻）“突如其来如”，天下人必然不会包容它。六五爻之大吉之象，是因为它居于王公之位。（上九爻）“王用出征”，是用来安邦定国。“获匪其丑”，有大功劳。

下 经

咸【卦三十一】泽山咸

艮下兑上

【原文】

咸[①]，亨，利贞。取[②]女吉。

初六：咸其拇[③]。

六二：咸其腓[④]，凶，居吉。

九三：咸其股，执[⑤]其随[⑥]，往吝。

九四：贞吉悔亡。憧憧往来[⑦]，朋从尔思。

九五：咸其脢[⑧]，无悔。

上六：咸其辅[⑨]颊舌。

【注释】

①咸：本卦下艮上兑，艮为山、为阳，兑为泽、为阴。卦象下阳上阴，形成阴阳交会，所以万物亨通，喻指男女之间的感情对国事家事的影响。咸，通“感”。②取：通“娶”，嫁娶。③拇：指人的大脚趾。④腓（féi）：指人的小腿肚子部位。⑤执：同“咸”，受伤。⑥随：这里指随着初六、六二的躁动而动。⑦憧憧（chōng）往来：以私心与人相感应、相往来。⑧脢（méi）：指人背上的肌肉。⑨辅：人的牙床骨。

【译文】

咸卦，（象征着）亨通顺畅，有利于坚守正道，（如果）娶妻子就吉祥如意。

初六爻，触碰到脚的大趾有所感应。

六二爻，触碰到腿肚子有所感应，就会有凶险；居家不出，则会获得吉利。

九三爻，触碰到大腿有所感应，固执不变地跟随自己的人，如果急于行动必有损害。

九四爻，保持内心的贞正，将没有后悔的事。如果为了自己的私心而去感应、去往来，（只感动了少数人），朋友会跟从你，（就成了朋党）。

九五爻，触碰到腰背有所感应，没有悔恨。

上六爻，触碰到鼻子、脸腮、舌头有所感应（用口舌打动人）。

【原文】

《彖》曰：咸，感也。柔上而刚下[①]，二气感应以相与[②]，止而说[③]，男下女，是以“亨，利贞。取女吉”也。天地感而万物化生，圣人感人心而天下和平。观其所感，而天地万物之情可见矣！

《象》曰：山上有泽，咸。君子以虚受人。“咸其拇”，志在外也。虽“凶，居吉”，顺不害[④]也。“咸其股”，亦不处[⑤]也。志在随人，所执下也。“贞吉悔亡”，未感害也。“憧憧往来”，未光大也。“咸其脢”，志末也。“咸其辅颊舌”，滕口说也。

【注释】

①柔上而刚下：咸卦上卦为兑、为柔，下卦为艮、为刚，所以称“柔上而刚下”。②相与：相处。③止而说（yuè）：咸卦下卦为艮、为止，上卦为兑、为说（悦），故名。④顺不害：顺理而动，没有危害。⑤处：形容安静不动的样子。

【译文】

《彖传》说：咸卦，感应、感动。（下艮上兑，艮刚兑柔），柔在上而刚在下，阴阳二气互相感应而相处。（艮为止，兑为悦），止而悦，（艮为少男，兑为少女），男在女下，所以“亨，利贞。取女吉”。天地间的阴阳之气相互感应，就能繁育万物得以生长。圣人用他的德行就能感化人心，让天下得以和谐安定。观察这些感应和变化，就能明白天地万物相通的道理了。

《象传》说：（艮为山，兑为泽），山上有泽，是咸卦。君子应该以虚怀若谷的精神接纳、感化他人。（初六爻）“咸其拇”，（初六与九四正应，九四在外卦，所以说）志在外。（六二爻）虽然“凶”而“居吉”，是因为顺理而动，所以没有危害。（九三爻）“咸其股”，（看到初六、六二躁动），自己也跟着动。盲目地跟随别人，这种做法很卑下。（九四爻）“贞吉悔亡”，是说这种感出自私心有害，出自公心则无害。“憧憧往来”，是因为影响没有扩大。（九五爻）“咸其脢”，背其私心（是与其应于六二、比于上九的私心相背，去感动天下人）。（上六爻）“咸其辅颊舌”，只剩下用口舌言语来感动别人了。

恒【卦三十二】雷风恒

巽下震上

【原文】

恒[①]，亨。无咎，利贞。利有攸往[②]。

初六：浚[③]恒，贞凶，无攸利。

九二：悔亡。

九三：不恒其德，或承之羞[④]。贞吝。

九四：田无禽。

六五：恒其德。贞，妇人吉，夫子凶。

上六：振[⑤]恒，凶。

【注释】

①恒：本卦下巽上震，刚在上，柔在下，震动于外，巽顺于内，是恒久之意。②有攸（yōu）往：指有所往或有所行动。攸，所。③浚：挖土挖得深。④羞：羞辱。⑤振：振动，动荡。

【译文】

恒卦，畅快亨通，没有过失，宜坚守正道，宜有所行动。

初六爻，掘得深又久，固执地走下去，有凶险，没有好处。

九二爻，悔恨消失。

九三爻，不能恒久地保持德行，就可能会因此蒙羞，面临困难。

九四爻，长期在没有鸟兽之地田猎，（劳而无功）。

六五爻，保持柔顺美好的品德，（柔顺是妇人之德，不是夫子之德），对妇人有利，对丈夫来说则是凶险之兆。

上六爻，振动不安于恒久之道，有凶险。

【原文】

《彖》曰：恒，久也。刚上而柔下[①]，雷风相与，巽而动[②]，刚柔皆应，恒。"恒，亨。无咎，利贞"，久于其道也。天地之道，恒久而不已也。"利有攸往"，终则有始也。日月得天而能久照，四时变化而能久成，圣人久于其道，而天下化成。观其所恒，而天地万物之情可见矣。

《象》曰：雷风，恒。君子以立不易方[③]。"浚恒"之凶，始求深[④]也。九二"悔亡"，能久中也。"不恒其德"，无所容也。久非其位，安得禽也！"妇人"贞吉，从一而终也。"夫子"制义，从妇凶也。"振恒"在上，大无功也。

【注释】

①刚上而柔下：恒卦的卦象，上卦为震，代表着刚，下卦为巽，代表着柔。②巽而动：恒卦下卦为巽、为顺，上卦为震、为动，所以具有巽顺

而敢为的意蕴。③立不易方：指立身于世，不改变自己做人的态度。立，确立。方，方针、态度。④始求深：一开始就一味求深。

【译文】

《彖传》说：恒，持久，（下巽上震，震为雷，为刚；巽为风，为柔），刚在上而柔在下，雷与风相助成势，顺而动，（六爻）刚柔都相应，是恒卦。“恒，亨。无咎，利贞”，其道是经久不变的。天地运行的规律，都是恒久不变的。“利有攸往”，终结了也会有新的开始。日月能够在天上永恒地照临万物；四季能够经久不衰地循环往复；圣人能够持守正道，用教化来成就天下人。观察这些恒久的运行规律，就能看到天地运转不息的情状了。

《象传》说：雷动风行，相辅相成，是恒卦。君子有所树立，而卓然不移。（初六爻）“浚恒”之凶，是因为事情刚刚发生，就追求过于深远的缘故。九二爻“悔亡”，是因为君子在坚持恒久的中正之道。（九三爻）“不恒其德”，（上下都是阳爻），没有地方容纳它。（九四爻以阳居阴，处于变革之交，是得其时）不得其位，怎么能猎到鸟兽！（九五爻）“妇人”贞吉，是因为妻子能够从一而终。丈夫需做他应该做的，顺从妻子将会有凶险。（上六爻）“振恒”在上，必然会劳而无功。

遁【卦三十三】天山遁

艮下乾上

【原文】

遁[1]，亨，小[2]利贞。

初六：遁尾[3]，厉，勿用有攸往。

六二：执[④]之用黄牛之革，莫之胜说[⑤]。

九三：系[⑥]遁，有疾厉。畜臣妾[⑦]吉。

九四：好[⑧]遁，君子吉，小人否。

九五：嘉[⑨]遁，贞吉。

上九：肥遁[⑩]，无不利。

【注释】

①遁：本卦下艮上乾，分别代表山和天。从卦象上看，二阴浸长，阳当退避，故名。遁，退避、退隐。②小：细节，小事。③尾：原意是动物的尾巴，这里指的是行列的最后一个。④执：抓住后用绳子捆绑起来。⑤莫之胜说：难以解脱、逃脱。说，用作“脱”，逃脱。⑥系：拖累。⑦畜臣妾：指蓄养家奴。畜，豢养、蓄养。臣妾，这里指“家奴”。⑧好：喜好，喜欢。⑨嘉：美好。⑩肥遁：有余裕地隐遁。肥，有余裕。

【译文】

遁卦，顺利亨通，做好小事，举动不失正道。

初六爻，在隐遁的过程中落到了最后面，处境很凶险。与其继续跑，不如停下来。

六二爻，（与九五正应），用黄牛皮绳执系着，谁也不能把它们拉开。

九三爻，因被牵制而难以快速离开，就像疾病缠身一样有危险。（如果用于）蓄养家奴，可获得吉祥。

九四爻，从容不迫地退隐而没有什么牵绊，君子必得吉，小人则不能得吉。

九五爻，最完美的隐遁，贞正而吉祥。

上九爻，有余裕地悠闲隐遁，无论做什么都不会产生不利影响。

【原文】

《彖》曰：遁“亨”，遁而亨也。刚当位而应，与时行也。“小利贞”，浸而长也。遁之时义大矣哉！

《象》曰：天下有山，遁。君子以远小人[①]，不恶而严。“遁尾”之“厉”，不往何灾也？执“用黄牛”，固志也。

“系遁”之厉，有疾惫也。“畜臣妾吉”，不可大事也。君子“好遁”，“小人否”也。“嘉遁，贞吉”，以正志也。“肥遁，无不利”，无所疑也。

【注释】

①远小人：是说君子之道，当远离小人。

【译文】

《彖传》说：遁卦，亨通。（遁卦九五爻以阳刚居阳位，居中得正，是六二爻正应），所以刚当位而应，能够把握时机去行动。“小利贞”，是因为二阴在慢慢成长，（不宜有大作为）。遁的适应时机去隐遁的意义真是重大啊！

《象传》说，（下艮上乾，艮为山，乾为天），天下有山，是遁卦。君子应该远离小人，不要让他知道你憎恶他，同时又要严肃对待他。（初六爻）“遁尾”之“厉”，如果不擅自行动，而是静处，还有什么灾难呢？（六二爻）执“用黄牛”，是说（六二与九五相固结），必遁之志非常坚定。（九三爻）“系遁”的困惫，是由于疾病造成的。“畜臣妾吉”，是说自己难有大作为。（九四爻）君子能毅然决然地隐遁，小人则不能如此。（九五爻）“嘉遁，贞吉”，是因为他有自己正确的信念和志向。（上九爻）“肥遁，无不利”，是因为他没有任何疑虑。

大壮【卦三十四】雷天大壮

乾下震上

【原文】

大壮[①]，利贞。

初九：壮于趾[②]。征[③]凶有孚。

九二：贞吉。

九三：小人用壮，君子用罔[④]。贞厉。羝羊触藩[⑤]，羸[⑥]其角。

九四：贞吉悔亡，藩决不羸，壮于大舆之輹。

六五：丧羊于易[⑦]，无悔。

上六：羝羊触藩，不能退，不能遂[⑧]，无攸利，艰则吉。

【注释】

①大壮：本卦下卦为乾、为天，上卦为震、为雷，象征着雷声响彻天空、阳气强盛的样子。②趾：指人的脚趾。③征：前行。④用罔：不用。罔，无。⑤羝（dī）羊触藩：指公羊撞上了篱笆。羝羊，公羊。藩，篱笆。⑥羸（léi）：病。⑦易：和易。⑧遂：前进。

【译文】

大壮卦，宜于坚守正道。

初九爻，居于下（脚趾）而急于前进，有所行动必然凶险。

九二爻，坚守住中正之道，就可以获得吉祥。

九三爻，小人喜好用刚强之力而侵犯他人，君子则不用，（君子若如此），虽贞正也会危厉。就像公羊撞上篱笆，却让羊角受伤。

九四爻，坚守中道获得吉祥，悔恨消失。篱笆破了，羊角得以解脱，车轮无病，又能远行。

六五爻，用和易的方法把羊角给去掉了，没有悔恨。

上六爻，公羊因为篱笆挂住羊角，无法退，也不能进，行动无所利，不盲动能渡过难关，获得一个吉利的结果。

【原文】

《彖》曰：大壮，大者壮[①]也。刚以动[②]，故壮。大壮"利贞"，大者正也。正大而天地之情可见矣。

《象》曰：雷在天上[③]，大壮。君子以非礼弗履[④]。"壮于趾"，其"孚"穷也。九二"贞吉"，以中[⑤]也。"小人用壮"，君子以罔也。"藩决不羸"，尚往[6]也。"丧羊于易"，位不当也。"不能退，不能遂"，不详也。"艰则吉"，咎不长也。

【注释】

①大者壮：大壮卦中有四条阳爻、两条阴爻，显示阳爻的力量远比阴爻大。②刚以动：大壮卦的下卦为乾、为刚，上卦为震、为动。③雷在天上：大壮卦下卦为乾、为天，上卦为震、为雷，所以称"雷在天上"。④履：原意为鞋，这里用作动词，意为"走过"。⑤中：这里指的是位于下卦中位的"九二"爻位。⑥尚往：继续前进。尚，提倡、倡导。

【译文】

《彖传》说：大壮卦，（刚阳）大即为壮，（下乾上震，乾为刚，震为动）刚而动，所以称大壮。大壮宜于坚守正道，是因为大代表正，正大才能才能看到天地运转不息的情状。

《象传》说：雷在天上，是大壮卦。君子做事从不悖于礼制。（初九爻）"壮于趾"，（初九以阳居乾体之刚，过刚而壮于行，容易）穷困而凶险。九二爻"贞吉"，是因为它居中的位置。（九三爻）"小人用壮"，君子却静静等待。（九四爻）"藩决不羸"，应该把行动放在首位。（六五爻）"丧羊于易"，是说其位置不当。（上六爻）"不能退，不能遂"，是做事不周详。"艰则吉"，是说灾害是不能长久的。

晋【卦三十五】火地晋

坤下离上

【原文】

晋[1]，康侯[2]用锡[3]马蕃庶[4]，昼日三接[5]。

初六：晋如摧如，贞吉。罔孚，裕[⑥]，无咎。

六二：晋如愁[⑦]如。贞吉。受兹介福，于其王母。

六三：众允，悔亡。

九四：晋如鼫鼠[⑧]，贞厉。

六五：悔亡，失得[⑨]勿恤。往吉，无不利。

上九：晋其角，维用伐邑。厉吉无咎。贞吝。

【注释】

①晋：本卦下卦为坤、为地，上卦为离、为日，象征着阳光普照大地越来越光明。晋，前进。②康侯：朱熹《周易本义》中解释为“安国之侯”。③锡：通“赐”，赐予。④蕃庶：形容种类与数量繁多的样子。⑤昼日三接：一天多次接见。昼日，一整天。⑥裕：宽裕。⑦愁：忧虑。⑧鼫（shí）鼠：硕鼠，其性贪而畏人。⑨失得：失而复得。

【译文】

晋卦，天子赏赐安国之侯众多马匹，一天多次亲自接见他。

初六爻，前进或者后退，坚守正道则获得吉利。即使是尚未得到众人的信任，宽裕时日，也自然无害。

六二爻，不以进为喜，而以其为忧，坚守正道则获得吉利。将从他的王母那里获得大的福佑。

六三爻，获得众人的拥护，悔恨就会渐渐消失。

九四爻，前进中贪据高位，固守而不知变通，将有灾祸。

六五爻，没有悔恨，有失而复得之物，只需前进，没有不利的地方。

上九爻，前进到角的位置（已至于晋之极，不能再躁进），建功只能靠征伐自己的城邑，可以改变危厉的处境，获得吉利。最终即使坚守正道还是有遗憾。

【原文】

《彖》曰：晋，进也。明出地上，顺而丽[①]乎大明[②]，柔进而上行[③]，是以“康侯用锡马蕃庶，昼日三接”也。

《象》曰：“明出地上”，晋。君子以自昭[④]明德。“晋如摧如”，独行正也。“裕无咎”，未受命也。“受兹介福”，以中正也。“众允”之志，上行也。“鼫鼠，贞厉”，位不当⑤也。“失得勿恤”，往有庆也。“维用伐邑”，道未光⑥也。

【注释】

①丽：依附于。②大明：这里指太阳。③柔进而上行：六十四卦中，只有上卦是离卦的，才说上行。此处在本卦中是指六五爻以柔顺明丽的德行居于君位。④昭：彰显，昭示。⑤位不当：指晋卦的“九四”阳爻处在阴位上，造成不中不正的情况。⑥道未光：指王道还没有来得及光大。光，光大。

【译文】

《彖传》说：晋卦，前进。太阳冉冉升起，（坤下离上，坤为顺，离为明、为日），顺应而附丽于大明，（六五爻）柔进而上升（到君位）。因此“康侯用锡马蕃庶，昼日三接”。

《象传》说，明出地上，是晋卦。君子应将自己美好的德行展现出来。（初六爻）“晋如摧如”，（进退无碍）是因为自己能够坚守正道。“裕无咎”，是因为还没有相应的责任和使命。（六二爻）“受兹介福”，是因为其居于中正之位。（六三爻）得到“众允”（六三爻与上九正应，得到初六爻与六二爻的支持），其志在向上行。（九四爻）“鼫鼠，贞厉”，是因为所处的位置不当。（六五爻）“失得勿恤”，行动就会有喜庆的事。（上九爻）“维用伐邑”，是因为他的道还没有光大。

明夷【卦三十六】地火明夷

离下坤上

【原文】

明夷[1]，利艰贞。

初九：明夷于飞，垂其翼。君子于行，三日不食。有攸往，主人有言[2]。

六二：明夷，夷于左股[3]。用拯马壮[4]，吉。

九三：明夷于南狩[5]，得其大首[6]。不可疾贞。

六四：入于左腹[7]，获明夷之心，于出门庭。

六五：箕子[8]之明夷，利贞。

上六：不明晦。初登于天，后入于地。

【注释】

①明夷：本卦下卦为离、为日，上卦为坤、为地，是太阳没入地平线下的景象，喻指前途莫测。夷，伤害、毁灭。②言：威吓，非议。③夷于左股：表示比较轻微的伤害。④用拯马壮：指因为善于奔跑而得救。用，因为。拯，使得救。⑤南狩：前进狩猎以除害。⑥大首：这里指暗方的魁首。⑦左腹：幽隐之处。⑧箕子：商纣王的伯父，“殷末三仁”之一。纣王无道，箕子谏而不听，为免灾而佯狂，后被贬为奴隶。

【译文】

明夷卦，利于在困难中坚守正道。

初九爻，明夷之时，就像鸟在天空飞，低垂着它的双翅，（要果决而迅速）。君子想要退隐，就要迅速离去，宁可三日不食。快速地走，即使主人有非议，（也在所不顾）。

六二爻，光明陨落，就像是伤了左腿（受了轻伤）一样，能及时加以拯救，避免伤害，会获得吉利。

九三爻，去南方狩猎除害，抓获敌方的魁首（即可，其他事）不能操之过急。

六四爻，走进幽暗之处，懂得了君子之道该怎样在明夷之时自处，于是毅然离开自己的居所。

六五爻，箕子处明夷之时，坚守正道。

上六爻，不发出光明却带来昏暗（伤人而又自伤），（商纣王）开始时登上王位，最终要以亡国告终。

【原文】

《彖》曰：明入地中[①]，明夷。内文明而外柔顺，以蒙大难，文王以之。“利艰贞”，晦其明也。内难而能正其志，箕子以之。

《象》曰：明入地中，明夷。君子以莅众[②]，用晦而明[③]。“君子于行”，义不食也。六二之“吉”，顺以则也。“南狩”之志，乃得大也。“入于左腹”，获心意也。“箕子”之贞，明不可息也。“初登于天”，照四国也。“后入于地”，失则也。

【注释】

①明入地中：明夷卦下卦为离、为日、为明，上卦为坤、为地。故称。②莅（lì）众：指治理民众。③用晦而明：形容人大智若愚的样子。

【译文】

《彖传》说：（下离上坤，离为明，坤为地），明入地中，是明夷卦。人们要内文明而外柔顺，来渡过大劫难，周文王就是如此。“在艰难的时候有利于坚守正直的品格”，隐藏自己的光明磊落的品德。即使在朝廷遭遇大难的时候，也能不改变自己的志向，箕子就是这样做的。

《象传》说：明入地中，是明夷卦。君子治理国家，应该表面隐晦而内心明察。（初九爻）“君子于行”，见难将起，迅速离去。六二爻所说的“吉祥”，是因为柔顺而不失原则。（九三爻）“南狩”之志，（除害安民），收获巨大。（六四爻）“入于左腹”，是说获得了明夷之时自处之心。（六五爻）箕子之所以坚守正道，是因为坚信正道不会消失。（上六爻）“初登于天”，是君王服四方。“后入于地”，是因为失去了为君之道。

家人【卦三十七】风火家人

离下巽上

【原文】

家人[1]，利女贞[2]。

初九：闲有家[3]，悔亡。

六二：无攸遂[4]。在中馈[5]，贞吉。

九三：家人嗃嗃[6]，悔厉吉。妇子嘻嘻，终吝。

六四：富家，大吉。

九五：王假有家，勿恤，吉。

上九：有孚威如[7]。终吉。

【注释】

①家人：本卦下卦为离、为火、为内，上卦为巽、为风、为外，“六二”与“九五”居中位，显示火得风助，形成女主内、男主外，各守中正的局势，预示家道兴旺。②利女贞：女子是家庭中一个非常重要的因素，所以说“有利于女人坚守正道”。③闲有家：有规矩就能家庭兴旺。闲，防闲，如养牛羊等用栅栏。有家，家庭兴旺。④遂：自专，自作主张。⑤中馈：家庭中的起居、饮食等事情。⑥嗃（hè）嗃：原指严肃的样子，引申为众口愁叹的样子。⑦威如：威严，肃穆。

【译文】

家人卦，利于女子保持贞正。

初九爻，治家应当用规矩防患灾难，这样才能避免出现过失。

六二爻，不要自作主张，主持好家中的起居、饮食等事情，才能获得贞正吉祥。

九三爻，即使家人愁叹治家过严，有悔恨危厉，最终会获得吉祥。使妇人、子女在一起嘻嘻哈哈，没有约束，终究会有凶险。

六四爻，让家中的财富有所积累，大吉大利。

九五爻，用自己的行为去感格家里人，不用费力，就会获得吉祥。

上九爻，一家之主能严格自我要求，以诚信和威信管理好家庭，最终获得吉祥。

【原文】

《彖》曰：家人，女正位乎内，男正位乎外①。男女正，天地之大义也。家人有严君焉，父母之谓也。父父②，子子，兄兄，弟弟，夫夫，妇妇，而家道正。正家，而天下定矣。

《象》曰：风自火出③，家人。君子以言有物而行有恒。“闲有家”，志未变也。六二之“吉”，顺以巽也。“家人嗃嗃”，未失④也。“妇子嘻嘻”，失家节⑤也。“富家，大吉”，顺在位也。“王假有家”，交相爱也。“威如”之“吉”，反身之谓也。

【注释】

①女正位乎内，男正位乎外：家人卦“六二”在内卦居中位，以阴爻居阴位得中正；“九五”在外卦居中位，以阳爻居阳位得中正。②父父：第一个“父”是名词，像父亲那样，第二个“父”字是动词，做父亲。以下用法相同。③风自火出：家人卦下卦为离、为火、为明德，上卦为巽、为风、为教化，而火居内风居外，表示明德为先而教化在后，所以要以言行树立形象。④未失：指没有完全放纵。未，没有。失，放逸。⑤节：节制，控制。

【译文】

《彖传》说：家人卦，女在内（指六二爻以阴居阴，居中得正，在内卦），以中正之道守其位；男在外（指九五爻以阳居阳，居中得正，在外卦），以中正之道守其位。男女各守正道，符合天地阴阳和合的大义。家里有尊严的长辈，就是父母。做父亲的要尽父亲的责任，做儿子的要尽儿子的责任，做兄长的要尽兄长的责任，做弟弟的要尽弟弟的责任，做丈夫的要尽丈夫的责任，做妻子的要尽妻子的责任，各人安守本分，家道就正了，那么天下也就安定了。

《象传》说：（下离上巽，离为火，巽为风），风自火出，就是家人卦。君子应该说话言之有物，做事持之以恒。（初九爻）“闲有家”，是因为还没有发生变故（要防闲）。六二爻所说的“吉祥”，是说主妇在家庭中所处的位置正确，品格柔顺而谦逊。（九三爻）“家人嗃嗃”，（因家教严格不敢放肆），也不会有什么大过失。“妇子嘻嘻”，（没有约束），家庭就会没有节制和规范。（六四爻）“富家，大吉”，是因为柔顺而得到正位。（九五爻）“王假有家”，家人和睦相爱。（上九爻）“威如”之“吉”，从一家之主严格律己开始。

睽【卦三十八】火泽睽

兑下离上

【原文】

睽[①]，小事吉[②]。

初九：悔亡。丧马勿逐[③]，自复[④]。见恶人，无咎。

九二：遇主于巷，无咎。

六三：见舆曳[⑤]，其牛掣[⑥]，其人天且劓[⑦]，无初有终。

九四：睽孤[⑧]，遇元夫[⑨]，交孚，厉无咎。

六五：悔亡。厥宗噬肤[⑩]，往何咎？

上九：睽孤。见豕负涂，载鬼一车[11]，先张之弧，后说之弧[12]。匪寇婚媾。往遇雨则吉。

【注释】

①睽（kuí）：本卦下兑上离，分别代表泽与火，表现为水火不容、彼此相克的情态，象征着两者之间的矛盾与隔阂。睽，彼此违背。②小事吉：不可做大事，小事可获得吉利。③丧马勿逐：指跑掉的马不要去追赶。丧，丢失、跑掉。④自复：指跑掉的马会自己回来。⑤舆曳（yè）：车子被拖住了。曳，被拖住。⑥掣（chè）：本意为牛角一俯一仰的状态，这里形容牛吃力拉车的样子。⑦天且劓（yì）：不仅在人的额头上刺字，还削掉人的鼻子。⑧孤：没有应援。⑨元夫：指初九爻。⑩厥宗噬（shì）肤：在这里指六五爻与九二爻易合。厥宗，九二爻。噬肤，皮肤柔而易咬，一咬便深入。⑪见豕负涂，载鬼一车：见到猪的背上涂满了泥巴，看见一车用图腾打扮的人。涂，泥巴。鬼，用图腾打扮的人。⑫先张之弧，后说之弧：先拉开了弓箭，然后又放下了弓箭。

【译文】

睽卦，做小事，可以吉利。

初九爻，没有悔恨。跑丢的马不用去追，它自己会回来。恶人来求见，不要不见，无害。

九二爻，在小巷里宾主相见（没有由庭由堂，而是直接由巷，表明相见之心的急切，态度的谦逊），无灾害。

六三爻，看见大车在路上艰难行走，牛用尽了全力，人的额头上被刺了字，还被削掉了鼻子。虽然开始时艰难，但仍可以到达。

九四爻，睽违导致孤单无援，却遇上了阳刚之人（初九），可以同德相信，虽危厉，最终无灾害。

六五爻，没有悔恨，与九二爻就像咬皮肤那样容易咬合，与之会和将有什么危害呢？

上九爻，睽违导致孤单无援，性格乖戾，看到路上有一头沾满泥巴的猪，还有一车满载着穿得像图腾一样的人奔驰。先

是想用弓箭射，后来又放下了。他们不是强盗，而是去迎亲。往前走就能赶上降雨，就会吉祥。

【原文】

《彖》曰：睽，火动而上，泽动而下[①]，二女同居[②]，其志不同行。说而丽乎明[③]，柔进而上行，得中而应乎刚[④]。是以“小事吉”。天地睽而其事同也，男女睽而其志通也，万物睽而其事类也。睽之时用[⑤]大矣哉！

《象》曰：上火下泽，睽。君子以同而异[⑥]。“见恶人”，以辟咎也。“遇主于巷”，未失道也。“见舆曳”，位不当[⑦]也。“无初有终”，遇刚也。“交孚”“无咎”，志行也。“厥宗噬肤”，往有庆也。“遇雨”之吉，群疑亡也。

【注释】

①火动而上，泽动而下：睽卦的下卦为兑、为泽，表示水向下流动的特性；上卦为离、为火，表示火向上升腾的特性。②二女同居：此处将离说成“中女”，将兑说成“少女”，二女同居，必然想法不同。③说而丽乎明：兑为悦，离为日，和悦而依附着光明。④得中而应乎刚：“六五”为阴处上卦中位，柔；“九二”为阳处下卦中位，刚。二爻相应。⑤时用：指最佳时机下的应用。⑥同而异：指兑与离即使在求同的时候，也会保留各自不同的性质。⑦位不当：指卦象中的六三爻为阴爻却居于阳位上，所以说“位不当”。

【译文】

《彖传》说：睽卦，（下兑上离，兑为泽，离为火），火动而上，泽动而下，（离为中女，兑为少女），二女同居，她们所思所想并不相同。（兑是悦，离是明），和悦而依附着光明，柔进而上升，（六五居上卦中位，柔而得中；九二阳爻居下卦中位，为刚，与六五的柔相应），刚柔得中而相应，所以做小事则获得吉利。天地乖离，而万事万物才能萌生；男女性别不同，才能相互吸引、情投意合；天下万物差别不同，才能让各自有各自的归类、作用。如何运用好睽的时机掌握起来真是太重要了！

《象传》说：上火下泽，是睽卦。君子做事情应该在求同的时候，保持自己的个性。（初九爻）“见恶人”，是为了主动消除灾祸。（九二爻）“遇主于巷”，是说这样并没有违背正道。（六三爻）“见舆曳”，是因为位置不当。“无初有终”，是遇到了刚明之才（上九爻）。（九四爻）“交孚”“无咎”，是说（九四与初九）消除隔阂达成共识。（六五爻）“厥宗噬肤”，前往必有喜庆之事。（上九爻）“遇雨”之吉，是说猜疑都解除了。

蹇【卦三十九】水山蹇

艮下坎上

【原文】

蹇[①]，利西南，不利东北。利见大人，贞吉。

初六：往蹇来誉[②]。

六二：王臣蹇蹇[③]，匪躬[④]之故。

九三：往蹇来反[⑤]。

六四：往蹇来连[⑥]。

九五：大蹇朋来。

上六：往蹇来硕[⑦]。吉，利见大人。

【注释】

①蹇（jiǎn）：本卦下艮上坎，分别代表山与水，表示山高水险的情态，喻指人远行之艰难。蹇，指人因跛脚而行走不便的状态。②誉：美誉。③蹇蹇：形容难上加难的样子。④躬：指自己。⑤来反：下来不上去，返回原地。⑥连：此处指六四爻与下面的初六、六二、九三众爻连合。⑦硕：硕大宽裕。

【译文】

蹇卦，（象征行路艰难），利于向西南方向走，不利于向东北方向走。有利于出现伟大人物，坚守正道则吉利。

初六爻，前进将面临险境，停止不行将获得美誉。

六二爻，臣子为了解决君王的困境而努力奔走，陷入蹇难之地，不是为了自己这样做，（所以其志意可嘉）。

九三爻，与其往前陷于危难，不如退回原地，不继续往前走。

六四爻，前进将面临险境，应该返回与同志（初六、六二、九三众爻）联合，（共同走出险难之境）。

九五爻，当处境极为艰难的时候，会有众多贤臣朋友来协助渡过难关。

上六爻，前进会遇到艰难，退回来境地会大有宽裕，吉祥，利于出现伟大人物。

【原文】

《彖》曰：蹇，难也，险在前也。见险而能止[①]，知[②]矣哉！蹇，“利西南”，往得中也。“不利东北”，其道穷也。“利见大人”，往有功也。当位“贞吉”[③]，以正邦也。蹇之时用大矣哉！

《象》曰：山上有水，蹇。君子以反身修德。“往蹇来誉”，宜待也。“王臣蹇蹇”，终无尤也。“往蹇来反”，内喜之也。“往蹇来连”，当位实也。“大蹇朋来”，以中节[④]也。“往蹇来硕”，志在内也。“利见大人”，以从贵也。

【注释】

①见险而能止：蹇卦下卦为艮、为止，上卦为坎、为险。②知：通“智”。③当位“贞吉”：卦象中，六二爻为阴，居阴位，九五爻为阳，居阳位，都得中得正。④中节：指人坚持中正、高尚的节操。

【译文】

《彖传》说：蹇卦，行路艰难，危险在前。如能见险止步，就是智慧了啊。蹇卦，“利西南”，去那边会顺处于平易之地；

“不利东北”，这个方向是走不通的。“利见大人”，是因为那样更容易建功。君臣（九五爻与六二爻）各在自己的位子上，从而能够靖国安邦。掌握好运用蹇卦的时机真是太重要了！

《象传》说：（下艮上坎，艮为山，坎为水），山上有水，是蹇卦。君子应该反求诸己，提高自身修养。（初六爻）“往蹇来誉”，是说时机还不成熟，还需要等待。（六二爻）“王臣蹇蹇”，是说臣子不会有什么过失。（九三爻）“往蹇来反”，是因为初六、六二两爻内心喜爱、亲附九三。（六四爻）“往蹇来连”，是说位置恰当切实。（九五爻）“大蹇朋来”，是说履中得正，不改其节。（上六爻）“往蹇来硕”，它的志意在内部（应于九三则求九三、比于九五则从九五）。“利见大人”，因为归来就能够顺从尊贵的九五之君（帝王）。

解【卦四十】雷水解

坎下震上

【原文】

解[1]，利西南，无所往。其来复吉。有攸往。夙吉。

初六：无咎。

九二：田获三狐，得黄矢[2]，贞吉。

六三：负且乘，致寇至。贞吝。

九四：解而拇[3]，朋至斯孚。

六五：君子维有解，吉。有孚于小人。

上六：公用射隼于高墉之上，获之。无不利。

【注释】

①解：本卦下坎上震，分别代表雨和雷，表现雷雨交加、荡涤天地

的景象，是万象更新、万物复生的萌生之态，象征走出困难或使困难解除。解，分解、解除。②黄矢：黄色的箭镞，这里指装配了黄铜箭头的箭。③解而拇：松开大脚趾，这里比喻除去小人。拇，大脚趾，处于人体之下，地位卑微，代指小人。

【译文】

解卦，前往西南行事有利。如果没有灾祸，无所为而往，则宜于早回，安静自处。如果有所求而往，则宜速不宜迟，早行会得到吉利。

初六爻，没有祸害。

九二爻，打猎捕获三只狐狸，得到黄色箭矢。坚守职责，保持美德，就会获得吉利。

六三爻，背负沉重的东西，坐在华丽的车上，必然招来强盗。即使坚守本分，结果也会凶险。

九四爻，解开大脚趾（摆脱小人），获得朋友信任，坦诚相待。

六五爻，君子必须斥退小人，才能获得吉利，以高尚品德赢得小人信服，（去掉其侥幸、幸进之心）。

上六爻，公用弓箭射城墙上的鹰隼，一箭即中，捕获了它，没有什么不利。

【原文】

《彖》曰：解，险以动[①]，动而免乎险，解。解，“利西南”，往得众[②]也。“其来复吉”，乃得中也。“有攸往夙吉”，往有功也。天地解而雷雨作，雷雨作而百果草木皆甲拆[③]。解之时大矣哉！

《象》曰：雷雨作[④]，解。君子以赦过宥罪[⑤]。刚柔之际[⑥]，义“无咎”也。九二“贞吉”，得中道也。“负且乘”，亦可丑也。自我致戎，又谁咎也！“解而拇”，未当位也。君子“有解”，小人退也。“公用射隼”，以解悖也。

【注释】

①险以动：解卦下卦坎为险，上卦震为动，故称。②得众：指得到

众人的帮助、支持。③甲坼（chè）：土下的秧苗让地面开裂，喻指新事物动摇旧秩序的根基。甲，指苗在土下。坼，开裂。④雷雨作：解卦上卦震代表雷，下卦坎代表雨，故称。⑤赦过宥（yòu）罪：即“大赦天下”。赦过，免除所犯的罪过。⑥刚柔之际：“初六”为阴、为柔，“九二”为阳、为刚，相互呼应，故称。

【译文】

《彖传》说：舒解危难，需要在危险中的英勇行动，由于英勇的行动而免除了危险，就是解卦。解，利于往西南行走，可以得到众人的帮助。“其来复吉”，是得到了正道。“有攸往夙吉”，前往则会建立功业。天地不相交通之气已经消散，雷雨兴起。雷雨兴起而百果草木都开始破土萌芽。把握解卦的时机真的非常重要啊！

《象传》说：春雷阵阵，是解卦。君子应宽恕别人的过错。（初六爻）（处理问题时，应该）刚柔相宜，不会有什么灾祸。九二爻的“贞吉”，是因为它对中道的坚守。（六三爻）“负且乘”，这种行为非常丑陋，是它自己招来了贼寇，又能去怪罪谁呢？（九四爻）“解而拇”，是没有处于合适的位置上。（六五爻）君子见用，小人（之道）自然会退去。（上六爻）“公用射隼”，（解除小人），帮君主消除悖逆。

损【卦四十一】山泽损

兑下艮上

【原文】

损[1]，有孚。元吉，无咎，可贞。利有攸往。曷[2]之用，二簋可用享。

初九：已[3]事遄[4]往。无咎，酌损之。

九二：利贞，征凶。弗损益之。

六三：三人行，则损一人；一人行，则得其友。

六四：损其疾，使遄有喜[5]，无咎。

六五：或益之，十朋之龟[6]弗克违，元吉。

上九：弗损益之，无咎，贞吉。利有攸往。得臣无家。

【注释】

①损：本卦下卦为兑，代表泽，上卦为艮，代表山，象征大水冲蚀了山根，是以下益上之象。损，减损。②曷（hé）：疑问词，何以。③已：竟，做完了事。④遄（chuán）：快速，迅速。⑤使遄有喜：这里指六四克服自己的缺点，与其相应的初九就会迅速来补益它，与它一起合力“损其疾”。⑥十朋之龟：大宝。

【译文】

损卦，心中诚信之人，可获得吉利，能坚持正道，利于有所往。怎样运用减损呢？如果心存至诚，只用简约的两簋就可以祭祀“上帝鬼神”。

初九爻，做完了事就迅速离去，（不居功），无害。适度地损己以利人（六四）

九二爻，坚守正道有利，往前行则凶险。不要自损，就是有益。

六三爻，三人同行，就会损减一人。一人单独行动时，会遇到志同道合的伙伴。

六四爻，克服自身缺陷，就会让他人（初九爻）迅速来补益它，（合力损六四之疾），从而使情况好转，无害。

六五爻，很多人都来补益它，送它最值钱的“十朋之龟”，它也不会动摇，不违背众意，大吉大利。

上九爻，不必减损自己受益别人，没有祸患，结果吉利。利于行事，能够得到天下人的拥护。

【原文】

《彖》曰：损，损下益上，其道上行[1]。损而“有孚。元吉，无咎，可贞。利有攸往。曷之用，二簋可用享”，二簋应有时，损刚益柔有时。损益盈虚，与时偕[2]行。

《象》曰：山下有泽[3]，损。君子以惩忿窒欲[4]。“已事遄往”，尚合志[5]也。九二“利贞”，中以为志也。“一人”行，“三”则疑也。“损其疾”，亦可喜也。六五“元吉”，自上佑[6]也。“弗损益之”，大得志也。

【注释】

①上行：自下向上。②偕：同，与。③山下有泽：损卦下卦兑代表泽，上卦艮代表山，故称。④惩忿窒欲：指控制愤怒，抑制欲望。窒，堵塞、抑制。⑤尚合志：初九爻与六四爻相应，初九益于六四，二者志同道合。尚，上。⑥上佑：上天的护佑。

【译文】

《彖传》说：损卦，损减下面以增益上面，其道自下向上行（损下益上），损减而“有孚。元吉，无咎，可贞。利有攸往。曷之用，二簋可用享”，用简约的二簋之祭品来祭祀，应该符合一定的时机。损减刚强以补益柔弱也要看时机，或损或益或盈或虚，都是随时态而变的。

《象传》说：（兑下艮上，兑为泽，艮为山），山下有泽，是损卦。君子应该抑制愤愤不平之气，控制自己的欲望。（初九爻）“已事遄往”，是说与上面六四爻志同道合。九二爻“坚守正道有利”，是因为它以守中为志。（六三爻）一人行可得友，三人行则会互相猜疑。（六四爻）“损其疾”，也是值得高兴的。六五爻大吉大利，是因为上天在护佑它。（上六爻）“弗损益之”，是说志意可以实现。

益【卦四十二】风雷益

震下巽上

【原文】

益[①]，利有攸往，利涉大川。

初九：利用为大作，元吉无咎。

六二：或益之[②]十朋之龟，弗克违，永贞吉。王用享于帝，吉。

六三：益之用凶事[③]，无咎。有孚中行，告公用圭[④]。

六四：中行告公从。利用为依[⑤]迁国。

九五：有孚惠心，勿问元吉。有孚惠我德。

上九：莫益之，或击之。立心勿恒，凶。

【注释】

①益：本卦下震上巽，分别代表雷与风，表现风雷激荡、其势愈增之象。益，增益。②或益之：很多人来补益它。③凶事：这里指荒年赈济百姓。④圭：在古代用作传递信息的信物。⑤依：依据。

【译文】

益卦，利于有所作为，利于渡过大江大河（济大难，图大事）。

初九爻，利于做大益天下的事情，大吉大利，没有灾祸。

六二爻，很多人来补益它，送给它最值钱的“十朋之龟”，也不会违背众意，永远保持贞正，可以获得吉祥。君王用它来祭祀上帝，可以获得吉祥。

六三爻，补益它，在灾荒之年赈济百姓，没有灾祸。内心诚信而坚守中道，进献玉圭作为信物向王公请示（赈济之事）。

六四爻，以中道行事，向王公请示，借助王公威望决定迁都大事。

九五爻，用诚信柔顺之心待百姓，不问卜就能大吉大利。心怀虔诚，百姓就能顺君之德。

上九爻，没有人来补益它，反倒有人攻击，因他不能坚持损上益下，结果凶险。

【原文】

《象》曰：益，损上益下，民说[①]无疆。自上下下[②]，其道大光。“利有攸往”，中正有庆[③]。“利涉大川”，木道乃行。益动而巽，日进无疆；天施地生，其益无方。凡益之道，与时偕行。

《象》曰：风雷[④]，益。君子以见善则迁[⑤]，有过则改。“元吉无咎”，下不厚事[⑥]也。“或益之”，自外来也。益“用凶事”，固有之也。“告公从”，以益志也。“有孚惠心”，勿问之矣。“惠我德”，大得志也。“莫益之”，偏辞也。“或击之”，自外来也。

【注释】

①说：通“悦”，形容高兴的样子。②自上下下：从上面施利于下层人民。下下，第一个“下”为动词，第二个为名词。③中正有庆：下卦“六二”以阴爻居阴位，上卦“九五”以阳爻居阳位，都得中得正，利益天下。④风雷：益卦上卦为巽、为风，下卦为震、为雷，故称。⑤迁：改变。⑥厚事：大事。

【译文】

《彖传》说：益卦，减损下面，补益上面，百姓有无限喜悦。上位者能够尊重天下的百姓，他的恩德就会照耀四方。“利有攸往”，坚持中正，天下必受福庆。“利涉大川”，以木为舟渡河的道理得到推行。益卦，（下震上巽，震为雷为动，巽为风），动而谦逊，功业会日益发展，不可限量。天地孕育生长万物，它们的增益没有限量。所有增益的法则，都随时令而变化。

《象传》说：风雷是益卦。君子应该向美好的德行看齐，反省自己，有错则及时改正。（初九爻）“元吉无咎”，是说要把大事做好。（六二爻）“或益之”，是从外面来的。（六三爻）益“用凶事”，是固有之物（取之于民，用之于民）。（六四爻）“告公从”，是因为以益民为志向。（九五爻）“有孚惠心”，因为这（用诚信柔顺之心待百姓，会大吉大利）是肯定无疑的。“惠我德”，君王能得到最大的成功。（上九爻）“莫益之”，是普遍的说法。“或击之”，不期望它来，它却自己前来。

夬【卦四十三】泽天夬

乾下兑上

【原文】

夬[①]，扬于王庭[②]。孚号有厉。告自邑[③]，不利即戎[④]，利有攸往。

初九：壮于前趾，往不胜，为咎。

九二：惕号，莫[⑤]夜有戎，勿恤。

九三：壮于頄[⑥]，有凶。君子夬夬[⑦]，独行遇雨，若濡有愠，无咎。

九四：臀无肤[⑧]。其行次且[⑨]。牵羊悔亡，闻言不信[⑩]。

九五：苋陆[⑪]夬夬，中行无咎。

上六：无号，终有凶。

【注释】

①夬（guài）：本卦下卦为乾、为天，上卦为兑、为泽，表现洪水滔天、冲毁堤防之象。夬，决堤。②扬于王庭：在朝堂上揭发。扬，揭露、揭发。王庭，君王议政的地方。③告自邑：从自己的城邑开始告诫众人。④即戎：马上进行军事防御。戎，军队，这里指军队的军事行动。⑤莫：此处为“暮”的本字，表示太阳已经下山，黑夜即将来临。⑥頄（qiú）：颧骨。⑦夬夬：非常坚决。⑧臀无肤：臀部没有了皮肤，即臀部受了伤。⑨次且（zī jū）：即趑趄，形容走路艰难的样子。⑩闻言不

信：不会信服警戒之言。⑪苋（xiàn）陆：马齿苋，一年生草本植物，柔脆易折。

【译文】

夬卦，在王庭揭露小人罪行，以至诚之心号召众人，还要心存危惧，从告诫自己的城邑开始，不要进行军事行动，利于有所作为。

初九爻，足趾的前端受伤，躁动前往不能取胜，是咎由自取。

九二爻，发出警戒的号令，尽管黑夜时有小人前来袭扰，也不用忧虑。

九三爻，颧骨受了伤（心中欲去小人的意志表现在脸色上），有凶险。君子应该有坚决去小人之志，表面又要温和。即使就像独行时遇到大雨被淋湿一样，它看似和上六爻同流合污，被其他人误解，仍然无害。

九四爻，臀部没有肉，（坐不下），步履维艰。牵住其凶狠的羊之性，就可以无悔了，但这警戒之言不会使它信服。

九五爻，果断决绝，像铲除马齿苋那样坚决，时刻坚守中道，会免于灾祸。

上六爻，即便号啕大哭，仍无法阻挡凶险的到来。

【原文】

《彖》曰：夬，决也。刚决柔[①]也。健而说，决而和。“扬于王庭”，柔乘五刚也。“孚号有厉”，其危乃光也。“告自邑，不利即戎”，所尚乃穷也。“利有攸往”，刚长乃终也。

《象》曰：泽上于天，夬。君子以施禄及下，居[②]德则忌。“不胜”而往，咎也。“有戎，勿恤”，得中道也。“君子夬夬”，终无咎也。“其行次且”，位不当也。“闻言不信”，聪不明也。“中行无咎”，中未光也。“无号”之凶，终不可长也。

【注释】

①刚决柔："刚"指"九五"为阳居中位，"柔"指乾与兑形成的阴柔之象，也指"上六"这条阴爻。②居：停滞，积存。

【译文】

《彖传》说，夬卦，就是决，阳刚君子裁决阴柔小人，（下乾上兑，乾为天，为健；兑为泽，为悦），健而能悦，决而能和。"扬于王庭"，因为其以阴爻（小人）凌驾于五条阳爻（君子）之上。"孚号有厉"，君子之道才可以光大。"告自邑，不利即戎"，是因为采取军事手段会使其道穷。"利有攸往"，是说阳刚在不断壮大，总会有结束之时。

《象传》说：（下乾上兑，乾为天，兑为泽），泽上于天，是夬卦。君子应该自觉布施恩德给百姓，最忌讳居德而不施。（初九爻）"不胜"而往，会招来灾祸。（九二爻）"有戎，勿恤"，是说"九二"处于下卦中位，能够坚守中道。（九三爻）"君子夬夬"，（虽然会被误解与小人同流合污），最终是无害的。（九四爻）"其行次且"，是自己所处的位置不当。"闻言不信"，是说头脑不智慧，不能明辨事理。（九五爻）"中行无咎"，如果不行动，中位的优势就不会扩大。（上六爻）"无号"之凶，注定不会长久。

姤【卦四十四】天风姤

巽下乾上

【原文】

姤[①]，女壮，勿用取女。

初六：系于金柅[②]，贞吉。有攸往，见凶。羸豕孚蹢躅[③]。

九二：包[④]有鱼，无咎，不利宾。

九三：臀无肤，其行次且，厉，无大咎。

九四：包无鱼，起凶。

九五：以杞包瓜，含章[⑤]，有陨自天。

上九：姤其角，吝，无咎。

【注释】

①姤（gòu）：本卦下卦为巽、为风，上卦为乾、为天，表现天下有风，风行万物，是相遇之象。姤，邂逅。②系于金柅（nǐ）：制止使车不能前进。金，黄铜，代指金属。柅，车闸片。③蹢躅（zhí zhú）：也就是踟蹰，原地打转的意思，形容徘徊不前的样子。④包：包裹。⑤含章：含蓄不露。

【译文】

姤卦，女子过于强壮，不要娶她为妻。

初六爻，制止，使车不再前进，固守贞正则吉祥。有所行动，将有凶险。猪在瘦弱的时候，就制住它，不让它长壮（也指阴、忧患、小人）。

九二爻，（九二包住初六爻）像包住鱼一样制住阴柔，不会引来灾祸，不利于他人。

九三爻，臀部没有肉，行走艰难，情况危厉，但不会有更大的灾祸。

九四爻，没有鱼了（九四没有阴柔可制），凶险的苗头开始显现。

九五爻，就像被枝叶包裹的甜瓜，含蓄不露，不动声色，不必东奔西走，瓜熟自然蒂落。

上九爻，前进到最上面，然后相遇，处境更加艰难，但能免于灾祸。

【原文】

《彖》曰：姤，遇也，柔遇刚[①]也。“勿用取女”，不可与长[②]也。天地相遇，品物咸章[③]也。刚遇中正[④]，天下大行也。姤之时义大矣哉！

《象》曰：天下有风[5]，姤。后以施命诰[6]四方。“系于金柅”，柔道牵[7]也。“包有鱼”，义不及宾也。“其行次且”，行未牵也。“无鱼”之“凶”，远民也。九五“含章”，中正也。“有陨自天”，志不舍命也。“姤其角”，上穷吝也。

【注释】

①柔遇刚：初六爻为阴，其余全为阳，阴柔而遇到阳刚，故称。②不可与长：“一阴五阳”的卦象喻指女人实力过于强大以致变得强悍，所以难以长久相处。③品物咸章：世间万物都得到了彰显。品物，世间万物。章，彰显。④刚遇中正：居上卦中位的“九五”为阳，得阳位，代表中正。⑤天下有风：姤卦下卦为巽、为风，上卦为乾、为天，故称。⑥诰（gào）：晓谕天下。⑦牵：牵制。

【译文】

《彖传》说：姤卦，遇见。一柔遇见五刚。“勿用取女”，因为这不能长久。天地相遇，阴阳相合，万物都能彰明茂盛。（九五爻是刚爻，居中得正），刚遇中正，其道可以在天下大行。姤卦按时推行的意义真是重大啊！

《象传》说：风在天下行，是姤卦。君王要顺应上天安排，将法令施行到四方。（初六爻）“系于金柅”，把阴柔之道往回拉，使它不能前进。（九二爻）“包有鱼”，（把柔爻初六牵制住），使它不能遇到宾客。（九三爻）“其行次且”，说明它不能牵制住阴柔之道。（九四爻）“无鱼”引发的凶险，是因为我远离了人民，使得人民也远离我。九五爻的含而不露，是因为坚守中道。“有陨自天”，是因为顺天命而行。（上九爻）“姤其角”，是因为它处于姤卦穷极之处。

萃【卦四十五】泽地萃

坤下兑上

【原文】

萃[①]，亨。王假[②]有庙。利见大人，亨，利贞。用大牲吉。利有攸往。

初六：有孚不终[③]，乃乱乃萃。若号，一握[④]为笑。勿恤，往无咎。

六二：引吉无咎，孚乃利用禴[⑤]。

六三：萃如嗟如，无攸利，往无咎，小吝。

九四：大吉，无咎。

九五：萃有位，无咎。匪孚[⑥]，元永贞，悔亡。

上六：赍咨[⑦]涕洟[⑧]，无咎。

【注释】

①萃(cuì)：本卦下卦为坤、为地，上卦为兑、为泽，表示成群而萃聚。萃，团结、聚集。②假(gé)：来到。③不终：没有保持。④一握：一握手的时间，瞬间。⑤禴(yuè)：是古代对夏季祭祀的专有称呼，其他季节分别为：春季称"祠"，秋季称"尝"，冬季称"烝"。⑥匪孚：不信服。⑦赍咨(jī zī)：表"咨嗟""叹息"之意。⑧洟(yí)：通"溢"，指水满而出，这里指流鼻涕。

【译文】

萃卦，亨通。君王来到宗庙。利于向大人物寻求帮助，畅通无阻，宜于坚守中道。用牛做祭品，结果吉祥，利于行事。

初六爻，（初六本来与九四爻正应，应信赖它，但它又想萃于九五，所以）有诚信而不能保持，只能乱了萃聚的节奏。若能大哭以求萃于九四爻，则瞬间就会变为欢笑，不用忧虑，往前走没有灾祸。

六二爻，应该由九五来援引，不要自己前去求萃，则吉。心怀虔诚，即使祭品微薄，也能带来好运。

六三爻，求萃而没有成功，独自嗟叹，无所利，往前走没有危害，但有小忧虑。

九四爻，只有得大吉，才能没有灾祸。

九五爻，在其位，而能聚合天下人，无害，但不能让所有人都甘心服从。应该永远保持善良贞正，就没有什么可悔恨了。

上六爻，叹息哭泣，免于灾祸。

【原文】

《彖》曰：萃，聚也。顺以说[①]，刚中而应[②]，故聚也。“王假有庙”，致孝享[③]也。“利见大人，亨”，聚以正也。“用大牲吉，利有攸往”，顺天命也。观其所聚，而天地万物之情可见矣！

《象》曰：泽上于地[④]，萃。君子以除戎器，戒不虞[⑤]。“乃乱乃萃”，其志乱也。“引吉无咎”，中未变也。“往无咎”，上巽也。“大吉，无咎”，位不当也。“萃有位”，志未光也。“赍咨涕洟”，未安上也。

【注释】

①顺以说：萃卦下坤上兑，分别代表顺与悦。说，通“悦”。②刚中而应：指“九五”和“六二”都得中正，并相互呼应。③致孝享：指（君主）希望奉献孝心感动上天和先祖。④泽上于地：萃卦下卦为坤、为地，上卦为兑、为泽，故称。⑤戒不虞：对难以预料的意外事件进行防备。戒，防备、戒备。不虞，指意外事件。

【译文】

《彖传》说：萃卦，聚合。（下坤上兑，坤为顺，兑为悦），顺以悦，（九五阳爻处于中正之位，六二阴爻又来应助它），刚中而应，所以是聚合。“王假有庙”，君王对待先人要表达出最大的孝思。“利见大人，亨”，是说君王让众人相聚在正道上。“用大牲吉，利有攸往”，是说君王顺应天命行事。观察他聚集人才的方式，就可以看到天地万物相聚会的情状了。

《象传》说：（下坤上兑，坤为顺，为地；兑为悦，为泽），泽上于地，是萃卦。君子必须休整军备，预防发生意外。（初六爻）“乃乱乃萃”，是说其内心志向不能始终如一。（六二爻）“引吉无咎”，是说它坚守中道而不变。

（六三爻）“往无咎”，是说六三向上求萃于上六，上六巽顺而受，所以无咎。（九四爻）“大吉，无咎”，是自己的位置不当。（九五爻）“萃有位”，自己的王者之志还没有全面光大。（上六爻）“赍咨涕洟”，是说心不安于外，（还存求萃于君父之心）。

升【卦四十六】地风升

巽下坤上

【原文】

升①，元亨。用见大人，勿恤。南征②吉。

初六：允③升，大吉。

九二：孚，乃利用禴，无咎。

九三：升虚邑④。

六四：王用亨于岐山。吉，无咎。

六五：贞吉，升阶⑤。

上六：冥升，利于不息之贞。

【注释】

①升：本卦下卦为巽、为木，上卦为坤、为地，表现物积聚后，前进而上升的状态。升，实力不断发展，渐渐增强。②南征：前进。③允：进。④虚邑：朱熹在《周易本义》里说：“阳实阴虚，而坤有国邑之象。九三以阳刚当升时，而进临于坤，故其象占如此。”⑤升阶：沿着台阶一步步登上去。升，向上登。阶，阶梯。

【译文】

升卦，大为亨通。适合向大人物寻求帮助，不必担心，尽管前进，获得吉利。

初六爻，前进而上升，大吉大利。

九二爻，内心虔诚，即使祭品微薄，也能感动神灵，无害。

九三爻，（九三勇于前进，无所畏忌），如同进入无人之城邑。

六四爻，君王让他来祭祀山川神灵，吉，无害。

六五爻，坚守正道可获得吉祥，就像登上台阶到高处一样，登上尊位。

上六爻，昏冥地上升，应该时时自省，不志骄意满，保持贞正。

【原文】

《彖》曰：柔以时升①。巽而顺②，刚中而应③，是以大亨。“用见大人，勿恤”，有庆也。“南征吉”，志行也。

《象》曰：地中生木④，升。君子以顺德，积小以高大⑤。“允升，大吉”，上合志也。九二之“孚”，有喜也。“升虚邑”，无所疑也。“王用亨于岐山”，顺事也。“贞吉，升阶”，大得志也。“冥升”在上，消不富也。

【注释】

①柔以时升：升卦的“初六”为阴、为柔，而“六四”“六五”“上六”都为阴，呈现不断上升之象，故称。②巽而顺：升卦下卦为巽，表谦逊，上卦为坤，表柔顺，是谦逊、顺从之象，故称。③刚中而应：“九二”为阳，居下卦中位，与居上卦中位的阴爻“六五”呼应，故称。④地中生木：升卦下卦为巽、为木，上卦为坤、为地，故称。⑤积小以高大：做事时要先从小事做起，通过不断积累小成就来成就大业绩。

【译文】

《彖传》说：柔按时上升。（下巽上坤，巽逊坤顺），巽而顺，（九二刚中应于六五），所以大亨通。“用见大人，勿恤”，可于天下人有益。“南征吉”，可以实现自己的志愿。

《象传》说：（下巽上坤，木下地上），地中生木，是升卦。君子应该顺应自然规律，德行和事业都要慢慢积小成大。

（初六爻）“允升，大吉”，是说它与上面三阴爻志同道合。九二爻心怀虔诚，有喜庆之事。（九三爻）“升虚邑”，是说它果敢而无所怀疑。（六四爻）“王用亨于岐山”，顺应君王之事。（六五爻）“贞吉，升阶”，大为得志。（上六爻）“冥升”在上，势力与权位都到了盛极之时，应该自我消损，使之不富。

困【卦四十七】泽水困

坎下兑上

【原文】

困①，亨。贞大人吉，无咎。有言不信②。

初六：臀困于株木③，入于幽谷，三岁不觌④。

九二：困于酒食。朱绂⑤方来，利用享祀。征凶，无咎。

六三：困于石⑥，据于蒺藜⑦。入于其宫，不见其妻，凶。

九四：来徐徐。困于金车⑧，吝，有终。

九五：劓刖。困于赤绂，乃徐有说，利用祭祀。

上六：困于葛藟⑨，于臲卼⑩。曰动悔有悔，征吉。

【注释】

①困：本卦下卦为坎、为水，上卦为兑、为泽，水在泽下，泽中则干涸无水，是困之象。坎阳在兑阴之下，是阳刚受到阴柔遮掩，让才智难以施展。困，困厄、困顿。②有言不信：处于困顿之中，说话没人相信，不如保持缄默。③臀困于株木：形容君子处境艰难。株木，指没有枝叶的树。④三岁不觌（dí）：这里指多年不能亨通。觌，相见。⑤朱绂（fú）：指古代礼服上的红色丝带，专门用来系佩玉或印章等装饰性物品。也用来指代官职。⑥石：这里指九四像石头，挡住六三的去路。

⑦蒺藜：这里指九二像蒺藜，使六三无法安坐。⑧困于金车：九四与初六正应，要来成就它，但遇到了九二这个阻碍。金车，这里指九二。⑨葛藟（lěi）：一种带刺的蔓生植物，在古代被种在监狱的外面，用来防止犯人越狱。⑩臲卼（niè wù）：不安定。

【译文】

困卦，亨通。坚守中正之道的大人君子将获得吉祥，免于灾祸。陷入困顿时，即便说得再多，也不会获得别人信任。

初六爻，坐困在光秃秃的株木之下，进入了深山幽谷，连续多年也不会见到光明。

九二爻，坐困于酒食之中，不久就有出仕的消息，任用他来主持祭祀上帝鬼神。行动则凶险，但没有灾祸。

六三爻，困于巨石下，手攀附在刺多的蒺藜上。返回家中，不见妻子，凶兆。

九四爻，迟疑徐缓的下来（帮助初九），却受困于一辆金车之中，经历困难，最终获得吉祥。

九五爻，终日不安，在政治上陷入困境，沉稳地去摆脱，利于祈祷神灵，祈求保佑。

上六爻，困于葛藟之中，终日不安，动则悔而又悔，如果出征敌寇则获得吉利。

【原文】

《彖》曰：困，刚掩[①]也。险以说[②]，困而不失其所，“亨”，其唯君子乎！“贞大人吉”，以刚中也。“有言不信”，尚口乃穷也。

《象》曰：泽无水[③]，困。君子以致命遂志[④]。“入于幽谷”，幽不明也。“困于酒食”，中有庆也。“据于蒺藜”，乘刚[⑤]也。“入于其宫，不见其妻”，不祥也。“来徐徐”，志在下[⑥]也。虽不当位，有与也。“劓刖”，志未得也。“乃徐有说”，以中直也。“利用祭祀”，受福也。“困于葛藟”，未当也。“动悔有悔”，吉行也。

【注释】

①刚掩（yǎn）：指阳刚被掩盖在阴柔之下。困卦下卦为坎、为阳，上卦为兑、为阴，阳卦被置于阴卦之下，故称“刚掩”。②险以说：困卦下卦为坎、为险，上卦为兑、为悦，故称。③泽无水：困卦上坎为泽，下兑为水，表泽中水漏到下面，造成泽中缺水的局面，也就造成了穷困的状况。④致命遂志：用奉献自己生命的方式来实现自己的志向。致命，指献出生命。遂志，实现志向。⑤乘刚：困卦“六三”为阴居于阳爻“九二”上面，故称“乘刚”。⑥志在下：这里是说九四与下面的初六正应，所以有此说。

【译文】

《彖传》说：困卦，（下坎上兑，坎为阳、为刚，兑为阴、为柔），阴柔掩盖了阳刚。（坎为险，兑为悦），险而悦，虽然身处危险的境地，仍然能够亨通，这样的事情只有君子才能做到啊！“贞大人吉”，（九二与九五为阳爻，分别居内外卦之中），因为刚中。“有言不信”，是说过多的解释会让你的处境更加困厄。

《象传》说：泽无水，是困卦。君子处于困境，应该不气馁，不惜牺牲生命，也要完成自己的志愿。（初六爻）“入于幽谷”，是因为自己昏暗不明。（九二爻）“困于酒食”，只要能坚守中道，保持纯正，就能迎来喜庆。（六三爻）“据于蒺藜”，是说阴柔压服了阳刚，让自己窘迫。“入于其宫，不见其妻”，是不祥的兆头。（九四爻）“来徐徐”，是说九四的志意在于初六。虽然位置不当（不中不正），但有志同道合者的支持。（九五爻）“劓刖”，还不得志。“乃徐有说”，是因为它处在居中得正的位置。“利用祭祀”，是说要虔诚地尊敬神灵以得到护佑。（上六爻）“困于葛藟”，因为处之不当，暂时无法解脱绊索。“动悔有悔”，是说悔悟而前行征伐，就会获得吉祥。

井【卦四十八】水风井

巽下坎上

【原文】

井[①]，改邑[②]不改井，无丧无得[③]，往来井井。汔至[④]亦未繘[⑤]井，羸其瓶[⑥]，凶。

初六：井泥[⑦]不食，旧井无禽。

九二：井谷[⑧]射鲋，瓮敝漏。

九三：井渫[⑨]不食，为我心恻[⑩]。可用汲，王明，并受其福。

六四：井甃[⑪]，无咎。

九五：井洌寒泉食。

上六：井收勿幕[⑫]，有孚元吉。

【注释】

①井：本卦下卦为巽、为木，上卦为坎、为水，表现木在水中之象。②改邑：改换封邑，即改变居住地。③无丧无得：形容井水并不会变少，总是维持在一个相对固定水位的样子。④汔（qì）至：这里指水几乎汲上来。汔，几乎。⑤繘（jú）：井上汲水的绳索。⑥瓶：古代的一种尖底陶罐，一般用来从井中向上汲水。⑦井泥：指井水浑浊，含有大量泥沙的状态，也就是说水井将坏的意思。⑧井谷：指井里出水的孔窍。⑨渫（xiè）：指治理。⑩心恻：心里怜恻。⑪井甃（zhòu）：指修治井壁。⑫幕：这里指水井的盖子。

【译文】

井卦，城邑可以任意搬迁，但水井依旧在那里，井水不增不减，人们来往不断地汲水。用绳子拴住陶罐汲水，水在几乎汲上来而未至的时候，陶罐破了，必然有凶险。

初六爻，若井底淤满了泥，就不能供人饮用了，荒弃之后，连鸟兽都不会再来。

九二爻，井里出水的孔窍所出的水，只够射鲋用的。（人在井上汲水），汲水的陶罐坏了，漏水了，（不可能汲到水）。

九三爻，污浊的井水已经被治理好了，但仍然没有人来饮用，我心里怜悯它。井水可以重新饮用，如果君王英明，都会享受到它的好处。

六四爻，用砖石加固井壁，不任其继续损坏，可以免于灾祸。

九五爻，井水清澈、明净，就像泉水一样，大家一起饮用。

上六爻，汲水后不用盖上井盖，此时心怀诚信（井水源源不绝），大吉大利。

【原文】

《彖》曰：巽乎水而上水①，井。井养而不穷②也。“改邑不改井”，乃以刚中③也。“汔至亦未繘井”，未有功也。“羸其瓶”，是以凶也。

《象》曰：木上有水④，井。君子以劳民劝相⑤。“井泥不食”，下也。“旧井无禽”，时舍也。“井谷射鲋”，无与也。“井渫不食”，行恻也。求“王明”，受福也。“井甃，无咎”，修井也。“寒泉”之食，中正也。“元吉”在上，大成也。

【注释】

①巽乎水而上水：井卦下卦为巽、为顺，上卦为坎、为水。上，“使……上”的意思，“上水”即“使水上”，也就是将井水从井底汲上来。②井养而不穷：指井水养活众人而不干枯。养，施养于人。③刚中：“九二”“九五”以阳爻居于中位，故称。④木上有水：井卦下卦为巽、为木，上卦为坎、为水，是“木上有水”的位置关系。⑤劳民劝相：君主应尽力养民，劝他们互帮互助。

【译文】

《彖传》说：（井卦，下巽上坎，木下水上），木桶入水，把水汲上来，就是井卦。井水养人，没有穷尽。“改邑不改井”，（九二、九五是阳爻，是刚，居内外卦之中），是因为有刚中之德。“汔至亦未繘井”，是说水还没有被汲上来。“羸其瓶”，是凶兆。

《象传》说：（下巽为木，上坎为水），木上有水，是井卦。君子应该效法这种美德，尽力养育人民，劝勉他们互帮互助。（初六爻）“井泥不食”，是说水在井底聚集，泥沙也随之沉积。“旧井无禽”，是说一时被人和禽舍弃了。（九二爻）“井谷射鲋”，是说它（九二爻）没有应援。（九三爻）“井渫不食”，行道之人都心存怜惜。求“王明”，（任用贤才），大家都能得到福惠。（六四爻）“井甃，无咎”，认真修缮才能免于灾祸。（九五爻）“寒泉”之食，是因为“九五”位置恰当，坚持中道且不偏不倚，内心纯正。（上六爻）“元吉”在上，是井之道大功告成之故。

革【卦四十九】泽火革

离下兑上

【原文】

革[1]，已日[2]乃孚，元亨。利贞，悔亡。

初九：巩用黄牛之革。

六二：已日乃革之。征吉，无咎。

九三：征凶，贞厉，革言三就，有孚。

九四：悔亡，有孚改命[3]。吉。

九五：大人虎变，未占有孚。

上六：君子豹变，小人革面[4]。征凶，居贞吉。

【注释】

①革：本卦下卦为离、为火，上卦为兑、为泽，象征用火煮水、煲汤、制酒等，表变革、革新的过程。②巳日：祭祀日。③改命：改变天命，改朝换代。④革面：表面上被改变，即表面上赞同，内心并不悦服。

【译文】

革卦（象征着变革），至“巳日”变革应该取得民众的理解和信服，大为亨通，利于坚守正道，最终将走向成功，免于悔恨。

初九爻，用黄牛皮紧紧地包裹住。

六二爻，巳日开始变革，行动则吉，无害。

九三爻，若贸然进行有凶险，贞固自守有危厉。对于变革的言论要谨慎对待，反复琢磨，并得到人们的信任。

九四爻，没有悔恨，人们满意这次改朝换代，吉兆。

九五爻，大人物推行变革，就像老虎换掉皮毛，（文明可见），不用占卜，就完全信任了。

上六爻，君子的变革，就像豹改换皮毛，（是守成之象，只开国承家，裂土封侯）。普通百姓只是表面上赞成，内心并不悦服。继续变革会招致凶险，固守不动则吉祥。

【原文】

《彖》曰：革，水火相息[1]，二女同居[2]，其志不相得，曰革。“巳日乃孚”，革而信之。文明以说，大亨以正。革而当，其悔乃亡。天地革而四时成。汤武革命，顺乎天而应乎人。革之时大矣哉！

《象》曰：泽中有火[3]，革。君子以治历明时[4]。“巩用黄牛”，不可以有为也。“巳日”“革之”，行有嘉也。“革言三就”，又何之矣？“改命”之吉，信志也。“大人虎变”，其文炳也。“君子豹变”，其文蔚也。“小人革面”，顺以从君也。

【注释】

①水火相息：革卦下卦为离、为火，上卦为兑、为水，象征着“水盛则火熄，火盛则水灭”的相生相克关系。②二女同居：革卦下卦离为“中女”，上卦兑为“少女”，表现的是上下卦难得融洽之象。③泽中有火：革卦下卦为火，上卦为泽，故称“泽中有火”。④治历明时：这是说君子从革卦卦象中得到启示，明白事物发展到一定程度就会发生变革的道理，所以建议统治者撰修历法，用适应四时之变的历法指导百姓的生产和生活。

【译文】

《彖传》说：革卦，（下离上兑，离为火，兑为泽），水火不容，（离为中女，兑为少女），二女住在一起，其志意并不相同，是革。“巳日乃孚”，是说要革命得先赢得信任和支持。（离是文明，兑是悦），文明而悦，品德中正而亨通，只有保证革命恰当，悔恨之事才会消失。天地因变革形成四季，成汤和武王的革命，顺乎天理又合乎民心。这样看来，掌握好变革发生的时间很重要啊！

《象传》说：（离为火，兑为泽），泽中有火，就是革卦。君子应编制准确的历法，让时令更加明确。（初九爻）“巩用黄牛”，是说力量还很弱小，不应马上有所作为。（六二爻）“巳日”“革之”，是说这样能取得更好的效果。（九三爻）“革言三就”，事情已经很妥当，还用往哪里走呢？（九四爻）“变革”最终吉祥，是说变革思想已为人们所接受。（九五爻）“大人虎变”，它的文采鲜明。（上六爻）“君子豹变”，它的文采丰富。“小人革面”，是说他们顺从君王的要求。

鼎【卦五十】火风鼎

巽下离上

【原文】

鼎[①]，元吉亨。

初六：鼎颠趾[②]，利出否。得妾以其子，无咎。

九二：鼎有实[③]，我仇[④]有疾，不我能即[⑤]，吉。

九三：鼎耳革，其行塞[⑥]，雉膏[⑦]不食。方雨亏悔，终吉。

九四：鼎折足，覆公竦[⑧]。其形渥[⑨]，凶。

六五：鼎黄耳，金铉[⑩]。利贞。

上九：鼎玉铉，大吉，无不利。

【注释】

①鼎：本卦下卦为巽、为木，上卦为离、为火，表现木头熊熊燃烧之象，象征使用鼎器炊煮。②颠趾（zhǐ）：这里指鼎被翻扣过来，鼎耳朝下鼎足朝上的样子。③实：指九二以阳居中，为实。④仇：对手，敌人。⑤即：接触。⑥行塞：指行动遭到阻滞。塞，阻碍、阻滞。⑦雉膏：指肥美的野鸡肉。⑧竦（sù）：粥，后泛指美味佳肴。⑨形渥（wò）：形容因汤汁泼洒而狼藉遍地的样子。⑩铉（xuàn）：指鼎器上用来固定鼎盖的横杠。

【译文】

鼎卦，大吉，亨通。

初六爻，烹煮食物的鼎翻了，有利于将鼎中的废物倒出来。虽然娶了妾，但得到了贵子，不会引来灾祸。

九二爻，鼎里盛满了食物（有实之象），我的配偶（初六）嫉妒我，（我要刚中自守），使它无隙可乘，吉利。

九三爻，鼎耳坏了，让人无法挪动，肥美的野鸡肉也无人食用。天开始下雨（阴阳和合），没有悔恨，最终是吉利的。

九四爻，鼎足折断了，鼎里王公的粥饭也洒了出来，一片狼藉，凶兆。

六五爻，给鼎配上黄铜的鼎耳，再插上铜质的鼎杠，坚守正道则有利。

上九爻，为鼎配上玉质的鼎杠，（结果会因为刚柔相济），大为吉祥，无有不利。

【原文】

《彖》曰：鼎，象也。以木巽火①，亨饪也。圣人亨，以享上帝，而大亨以养圣贤。巽而耳目聪明②，柔进而上行，得中而应乎刚，是以元亨。

《象》曰：木上有火③，鼎。君子以正位凝命④。“鼎颠趾”，未悖⑤也。“利出否”，以从贵也。“鼎有实”，慎所之也。“我仇有疾”，终无尤也。“鼎耳革”，失其义也。“覆公餗”，信如何也？“鼎黄耳”，中以为实也。“玉铉”在上，刚柔节也。

【注释】

①以木巽火：鼎卦下卦为巽、为木，上卦为离、为火，表示木入火中之象。②巽而耳目聪明：鼎卦下卦为巽，表谦逊，为阴；上卦为离，表明亮，为阳。③木上有火：鼎卦下卦为木，上卦为火，象征古代人用鼎烹煮食物。④正位凝命：端正位置，接受上天的使命。凝，接受。⑤悖（bèi）：有所违背。

【译文】

《彖传》说：鼎卦，是鼎之象。（下巽上离，巽为木，离为火），架起木柴用鼎烹煮食物。圣人用鼎烹饪食物祭祀神灵，又用烹煮的食物养纳贤才。谦逊而聪明，柔顺进而上升，（九二是阳爻，是刚，居下卦之中；六五是阴爻，居上卦之中，刚柔相应），居于中位与阳刚相应，结果大亨通。

《象传》说：木上有火，是鼎卦。君子应该像鼎一样端正位置，进而完成使命。（初六爻）“鼎颠趾”，并非违反常理，“利出否”，是跟从了贵人（应于九四）。（九二爻）“鼎有实”，是说做事情时要小心谨慎，不要有所偏差。“我仇有疾”，（初六的）怨尤终究会消失。（九三爻）“鼎耳革”，是失其道。（九四爻）“覆公餗”，是说难以让人再信任它。（六五爻）“鼎黄耳”，是“六五”居中位而有实德。（上九爻）“玉铉”在上，刚柔相济。

震【卦五十一】震为雷

震下震上

【原文】

震[①]，亨。震来虩虩[②]，笑言哑哑[③]。震惊百里，不丧匕鬯[④]。

初九：震来虩虩，后笑言哑哑，吉。

六二：震来厉，亿[⑤]丧贝，跻于九陵[⑥]，勿逐，七日得。

六三：震苏苏[⑦]，震行无眚。

九四：震遂泥。

六五：震往来厉，亿无丧有事！

上六：震索索[⑧]，视矍矍[⑨]，征凶。震不于其躬于其邻，无咎。婚媾有言。

【注释】

①震：本卦同卦相叠，两雷重叠，下震上震所表现的是人们对雷电的感受。②虩（xì）虩：形容很恐惧的样子。③哑哑：形容声音低沉地笑。④不丧匕鬯（chàng）：没有丢掉匕和鬯。匕，祭祀时用的一种木制工具，将鼎中的肉放到俎上。鬯，一种用黑黍和香草酿制出来的酒。⑤亿：猜度、估量。⑥陵：高冈。⑦苏苏：形容疑惧不安的样子。⑧索索：志气消失。⑨矍（jué）矍：心神不固。

【译文】

震卦，亨通。听到雷声就恐惧，雷声过后仍能言笑晏晏，镇定若素。雷声响彻百里，人们无不震惊，但正在主持祭祀的人却镇定自若，手中的匕和鬯并没有被惊落。

初九爻，雷声震动，让人心里恐惧，而后又发出笑声，吉兆。

六二爻，雷声震震，心中很恐惧。估量着要暂时丢掉宝物，任其升到了高冈，飘然远去，不要去追逐，多日后就能失而复得。

六三爻，雷声震动，心有不安，该做什么做什么，没有危险。

九四爻，雷声震动，陷入滞溺之中，难以自反自拔。

六五爻，雷声震动，心中一直保持恐惧修省，积极谨慎，守住宗庙祭祀的权力不可失去。

上六爻，雷声震动，让人志气消竭，眼睛惊恐四顾，前行会有危险。在震恐临其身而未到时，便先行控制，就可以免除灾害了。与自己亲近的同道者（看到祸患将近，面对首领的行动），纷纷上言，（因其是目光短浅之言，不必理会）。

【原文】

《彖》曰：震，“亨”。“震来虩虩”，恐致福[①]也，“笑言哑哑”，后有则[②]也。“震惊百里”，惊远而惧迩也。“不丧匕鬯”，出可以守宗庙社稷，以为祭主也。

《象》曰：洊雷[③]，震。君子以恐惧修省。“震来虩虩”，恐致福也。“笑言哑哑”，后有则也。“震来厉”，乘刚[④]也。“震苏苏”，位不当[⑤]也。“震遂泥”，未光也。“震往来厉”，危行也。其事在中，大无丧也。“震索索”，中未得也。虽凶无咎，畏邻戒也。

【注释】

①恐致福：因恐惧而自修会带来福气。《周易正义》：“威震之来，初虽恐惧，能因惧自修，所以致福也。” ②后有则：行为不失常态。③洊（jiàn）雷：从震卦的卦象上看，其上下两卦均为震，象征二雷重叠、重复打雷，所以说是“洊雷”。④乘刚：震卦卦象，六二爻为阴、为柔，在“初九”阳爻之上，所以称“乘刚”。⑤位不当：指六三爻为阴却居于阳位上，并且也不居中，所以“位不当”。

【译文】

《彖传》说：震卦，亨通。“震来虩虩”，因恐惧而自修会带来福气。“笑言哑哑”，行动皆不失常态。“震惊百里”，使远处的人惊讶近处的人恐惧。“不丧匕鬯”的人可以守护好宗庙社稷，他便可以担任祭主的职位。

《象传》说：雷声一声接着一声，是震卦。君子应该心存恐惧敬畏，不断自省，提高自己的修养。（初九爻）“震来虩虩”，因恐惧而自修就会招来福气。“笑言哑哑”，因震惊之后就会使人们遵守法则。（六二爻）“震来厉”，是说它乘初九爻之刚。（六三爻）“震苏苏”，是位置不当的缘故。（九四爻）“震遂泥”，是说其志气还没有影响广大。（六五爻）“震往来厉”，心中要长存忧患，行动如履薄冰。处于中位，得到中道，不会丧失宗庙祭祀的权力。（上六爻）“震索索”，因其过中而没有得到中道。虽然凶险却没有危险，是因为在事前能够先行进行控制。

艮【卦五十二】艮为山

艮下艮上

【原文】

艮[①]，艮其背[②]，不获[③]其身。行其庭不见其人，无咎。

初六：艮其趾，无咎。利永贞。

六二：艮其腓。不拯其随[④]，其心不快。

九三：艮其限，列其夤[⑤]，厉熏心[⑥]。

六四：艮其身，无咎。

六五：艮其辅，言有序，悔亡。

上九：敦艮，吉。

【注释】

①艮（gèn）：本卦象征两山重叠的样子。艮，停歇。②艮其背：朱

熹在《周易本义》中说："盖身动物也，惟背为止，'艮其背'，则止于所当止也，止于所当止，则不随身而动矣，是不有其身也。" ③获：见。④不拯其随：这里指六二不能拯救九三的错误，只能违心地随它的意见去做。⑤夤（yín）：即膂，背脊肉。⑥熏心：形容心里非常痛苦，就像在被火烧一样。熏，烧烤。

【译文】

艮卦，止于其背，不见他的身体。前往他的庭院，不见他的人。没有灾害。

初六爻，止于他的脚趾处，没有危险。有利于长久坚持固守。

六二爻，止于他的小腿处，不能改正（九三的）错误主张，只好跟随，心里却非常不高兴。

九三爻，止于腰胯，裂开了腰膂，危厉时时灼烧着他的心。

六四爻，止于上身，没有什么危险。

六五爻，止于他的口，言语有条有理，悔恨便会消亡。

上九爻，以敦厚笃实自我静止，吉祥。

【原文】

《彖》曰：艮，止也。时[①]止则止，时行则行，动静不失其时，其道光明。艮其止，止其所也。上下敌应[②]，不相与也。是以"不获其身。行其庭不见其人，无咎"也。

《象》曰：兼山[③]，艮。君子以思不出其位。"艮其趾"，未失正也。"不拯其随"，未退听也。"艮其限"，危熏心也。"艮其身"，止诸躬也。"艮其辅"，以中正也。"敦艮"之"吉"，以厚终也。

【注释】

①时：合适的时间。②上下敌应：卦体上下地位相当的两爻有应的关系，一阴一阳就是相应，相应则相与，相与则交往，否则就是敌应。艮卦下卦与上卦同位的三个爻都不相应，"初六"与"六四"、"六二"与"六五"都是阴爻，而"九三"与"上九"则是阳爻。③兼山：形容两座山重叠的样子。

【译文】

《彖传》说：艮卦，静止。该停止的时候就停止，该前进的时候就前进，动和静都是恰到好处，它的道是光明的。艮中的止是要止其所当止的场合。卦体上下地位相当的两爻都是敌应，没有交往。所以说“不获其身。行其庭不见其人，无咎”。

《象传》说：两山重叠，是艮卦。君子思考问题不能超出自己的职责。（初六爻）“艮其趾”，是说没有丢失正道。（六二爻）“不拯其随”，是因为九三没有听从它的劝告，（所以只好跟随九三，不得已而为之）。（九三爻）“艮其限”，（时当不止而强为之止），危厉灼烧着它的心。（六四爻）“艮其身”，是自己解决自己的问题。（六五爻）“艮其辅”，是要坚持中正之道。（上九爻）“敦艮”之“吉，是因为它积累甚厚，始终都能坚持正道。

渐【卦五十三】风山渐

艮下巽上

【原文】

渐[①]，女归[②]吉，利贞。

初六：鸿渐于干[③]，小子[④]厉，有言[⑤]，无咎。

六二：鸿渐于磐，饮食衎衎[⑥]，吉。

九三：鸿渐于陆[⑦]。夫征不复，妇孕不育，凶。利御寇。

六四：鸿渐于木。或得其桷[⑧]，无咎。

九五：鸿渐于陵。妇三岁不孕，终莫之胜，吉。

上九：鸿渐于陆，其羽可用为仪[⑨]，吉。

【注释】

①渐：本卦下艮上巽，表现木在山上之象，象征地势渐高。渐，渐进、缓进。②归：指古时候女子出嫁。③鸿渐于干：大雁渐渐降落在水边。鸿，大雁。渐，进。④小子：指年少无知的人。⑤言：这里是谴责、苛责的意思。⑥衎（kàn）衎：形容怡然自得的样子。⑦陆：指地势高的平地。⑧桷（jué）：指平直如桷的树枝。⑨仪：指文舞的道具。

【译文】

渐卦，女子出嫁，吉利，坚守贞正则有利。

初六爻，大雁缓缓降落在水边，年幼无知的人虽有怨言（抱怨大雁飞得不远，但“鸿渐于干”是正确的），没有危险。

六二爻，大雁缓缓落在水边大石上，饮酒和乐，吉祥之兆。

九三爻，大雁缓缓落在陆地上。出征的丈夫还没有回来，妻子虽然怀孕却没有生育，是凶兆。守正待时防御匪寇则有利。

六四爻，大雁缓缓落在树上。倘若有一块横平的树枝，就没有什么危险。

九五爻，大雁缓缓落到山岗。女人出嫁多年都没有怀孕，但终究可以冲破阻碍，是吉祥之兆。

上九爻，大雁缓缓落到高地，它的羽毛能够当作文舞的道具，是吉祥之兆。

【原文】

《彖》曰：渐之进也，女归吉也。进得位[①]，往有功也。进以正，可以正邦也。其位，刚得中也。止而巽[②]，动不穷也。

《象》曰：山上有木[③]，渐。君子以居贤德善俗[④]。“小子”之“厉”，义无咎也。“饮食衎衎”，不素饱也。“夫征不复”，离群丑也。“妇孕不育”，失其道也。“利”用“御寇”，顺相保也。“或得其桷”，顺以巽也。“终莫之胜，吉”，得所愿也。“其羽可用为仪，吉”，不可乱也。

【注释】

①得位：渐卦的六二、九三、六四、九五爻皆得位，且九五爻居上卦之中位，以刚居阳位。②止而巽：渐卦下卦为艮，代表山，有静止的意思；上卦为巽，有谦逊的意思，所以称“止而巽”。③山上有木：渐卦是下卦为艮、为山，上卦为巽、为木，所以称“山上有木”。④君子以居贤德善俗：指君子以自己的休养和善良的德行引导世俗向善。居，指修养。善，美化、改善。

【译文】

《彖传》说：渐卦，是前进，就好像女人出嫁那样（稳妥有序），则吉祥。循序渐进就能够得到主位，前进也能够取得成功。前进而坚守正道，就能够安邦定国。（九五为阳爻，为刚，居上卦中位），得到其位置，阳刚便得到了中正之位。稳重而又谦逊，动力就不会穷尽。

《象传》说：山上有木，是渐卦。君子应该培养良好的品德，美化风俗。（初六爻）“小子”之“厉”，并没有什么危害。（六二爻）“饮食衎衎”，并不会白吃饭不做事。（九三爻）“夫征不复”，是说它叛离了自己的同类。“妇孕不育”，是因为（九三与六四私昵苟合），失去了妇道。“利”用“御寇”，不但能自守以正，也能与（六四）相互保全。（六四爻）“或得其桷”，是因为柔顺而善于从权。（九五爻）“终莫之胜，吉”，表明它的愿望已经实现。（上九爻）“其羽可用为仪，吉”，是因为它的志向高洁，不可以淆乱。

归妹【卦五十四】雷泽归妹

兑下震上

【原文】

归妹[1]，征凶，无攸利。

初九：归妹以娣[2]。跛能履。征吉。

九二：眇能视，利幽人之贞[3]。

六三：归妹以须，反归[4]以娣。

九四：归妹愆期[5]，迟归有时。

六五：帝乙归妹。其君之袂，不如其娣之袂良。月几望，吉。

上六：女承筐，无实[6]。士刲[7]羊，无血。无攸利。

【注释】

①归妹：本卦下卦为兑，代表少女，上卦为震，代表长男，两卦相叠，表现婚姻之象。②归妹以娣（dì）：这反映的是古代的侄娣制度。西周和春秋时期有诸侯一娶九女的婚俗。一国之君嫁女，两个两姓国之君亦各以女媵（yìng）嫁。每国合娣、侄为三女，三国相加即为九女。③利幽人之贞：像失去自由的人那样仍然自执其志，坚如磐石不动摇。④反归：指古代女子因被丈夫休弃，回娘家居住的意思。⑤愆（qiān）期：错过了最后的期限。⑥承筐，无实：指捧着装祭品的器具却没有祭品。⑦刲（kuī）：割取，宰杀。

【译文】

归妹卦（象征着少女出嫁），前进就会有凶险，没有什么好处可言。

初九爻，嫁少女，虽然跛着脚却能够行路，前去则吉利。

九二爻，瞎了一只眼睛却不影响视力，有利于像失去自由的人那样仍然自执其志不动摇。

六三爻，想以姊姊的身份出嫁（做嫡妻），又被送回来，还是要以侄娣的身份嫁出去。

九四爻，婚期过了最后的期限，但终究会在该出嫁的时候出嫁。

六五爻，帝乙嫁妹妹，她所穿戴的服饰比嫡夫人的还要华丽，（但仍能安守本分），就如同十五之月将盈而未盈，吉祥。

上六爻，女人捧着筐却无祭品，她的丈夫宰羊也没有流血，并没有什么利益可得。

【原文】

《彖》曰：归妹，天地之大义也。天地不交而万物不兴。归妹，人之终始[①]也。说以动[②]，所归妹也。“征凶”，位不当也。“无攸利”，柔乘刚也。

《象》曰：泽上有雷，归妹。君子以永终知敝[③]。“归妹以娣”，以恒也。“跛能履吉”，相承也。“利幽人之贞”，未变常也。“归妹以须”，未当也。“愆期”之志，有待而行也。“帝乙归妹”“不如其娣之袂良也”，其位在中，以贵行也。上六“无实”，承虚筐也。

【注释】

①人之终始：指女子嫁人是一个生命阶段的结束，而生儿育女又是一个生命阶段的开始。②说以动：归妹卦的卦象为上震下兑，分别代表着动与悦，且动居于悦之上，故有此说。③敝：形容凋敝的样子，这里形容婚姻走到了尽头。

【译文】

《彖传》说：归妹卦，天地大义的表现，天地不交万物就无法生长。少女出嫁，是人类的终与始（人类靠它来繁衍）。（下兑上震，兑为悦，震为动），悦而动，所以嫁少女。“征凶”，是因为位置不当（归妹卦中九二与九四以阳爻居阴位，六三与六五以阴爻居阳位）。“无攸利”，柔弱凌驾于刚强之上的缘故（六三在初九、九二之上，六五、上六在九四之上）。

《象传》说：（下兑上震，兑为泽，震为雷），雷在泽上，是归妹卦。君子对于婚姻应该考虑白头偕老，防其敝坏。（初九爻）“归妹以娣”，按常规来做事。“跛能履吉”，是因为侄娣虽无主持中馈的资格，但能安守本分，辅助嫡夫人帮助君子。（九二爻）“利幽人之贞”，是她正常的表现。

（六三爻）“归妹以须”，是行不通的。（九四爻）“愆期”之志，是因为她还在有所期盼。（六五爻）“帝乙归妹”“不如其娣之袂良也”，是因为她处于中正的位置，以高贵的身份出嫁。上六爻的“无实”，是说娣无主祭祀的资格，她所捧的筐是虚的、空的。

丰【卦五十五】雷火丰

离下震上

【原文】

丰[①]，亨。王假之，勿忧，宜日中。

初九：遇其配主[②]，虽旬[③]无咎。往有尚。

六二：丰其蔀[④]，日中见斗。往得疑疾。有孚发若，吉。

九三：丰其沛，日中见沫。折其右肱，无咎。

九四：丰其蔀，日中见斗。遇其夷主，吉。

六五：来章[⑤]，有庆誉。吉。

上六：丰其屋，蔀其家。窥其户，阒[⑥]其无人。三岁不觌[⑦]，凶。

【注释】

①丰：本卦下卦为离、为明，上卦为震、为动，是丰收的象征。丰，盛大的样子。②配主：相匹敌的人，这里指遮盖太阳的阴影。③旬：均。④蔀（bù）：用茅草或小席拼接起来，做遮盖物。这里指阴影。⑤来章：光明重新得到彰显。⑥阒（qù）：形容非常寂静的样子。⑦觌（dí）：看。

【译文】

丰卦，出现日食，亨通，君王将此事看得很淡，告诫大家不需要忧愁，日中之时出现日食很正常。

初九爻，（发生日食），太阳被遮住一半，就像遇到相匹敌的人，虽然势均力敌，也没有危险，过一段时间日食就会过去。

六二爻，阴影越来越大，快把整个太阳都遮住了，以至于能看到北星斗。人们前去观看并且发狂。要相信日食很快会过去，太阳会重放光明，吉兆。

九三爻，太阳被完全遮住了，连微末小星的星光都能看到。折断他的右臂，无所作为方不会有灾祸。

九四爻，阴影渐渐退去，又能看到了北斗七星，遇到了微光复明之时，吉兆。

六五爻，光明得到了彰显，有福庆和赞誉，吉兆。

上六爻，黑暗笼罩着一切，看不到房屋。窥视别人的家里，好像没有人一样寂静。这是多年不曾出现的日食，真凶险啊。

【原文】

《彖》曰：丰，大也。明以动，故丰。“王假之”，尚大也。“勿忧，宜日中”，宜照天下也。日中则昃，月盈则食，天地盈虚，与时消息，而况于人乎！况于鬼神乎！

《象》曰：雷电皆至，丰。君子以折狱[①]致刑。“虽旬无咎”，过旬灾也。“有孚发若”，信以发志也。“丰其沛”，不可大事也。“折其右肱”，终不可用也。“丰其蔀”，位不当也。“日中见斗”，幽不明也。“遇其夷主”，吉行也。六五之“吉”，有庆也。“丰其屋”，天际翔也。“窥其户，阒其无人”，自藏也。

【注释】

①折狱：指对刑事诉讼进行判决。

【译文】

《彖传》说：丰卦，丰盛盛大。（下离上震，离为火、为明，震为雷、为动），明而动，所以才丰盛。“王假之”，是

因为他遇事大度。“勿忧，宜日中”，适合普照天下。太阳正中过后便会偏西，月盈之后就会有亏蚀，天地盈亏，都会跟随着时间消长，更何况人呢？更何况祭祀鬼神呢？

《象传》说：雷电皆至，是丰卦。君子借此来判断刑事诉讼并进行量刑。（初九爻）“虽旬无咎”，是说阴影如果过了一半，就是灾害了。（六二爻）“有孚发若”，相信太阳总会重放光明。（九三爻）“丰其沛”，（昏昧之人），不可与之做大事。“折其右肱”，（处于这样的处境），想施展也无法施展了。（九四爻）“丰其蔀”，是因为位置不适当。“日中见斗”，是幽暗遮蔽了光明。“遇其夷主”，是重见光明的行为。六五爻的“吉祥”，是天下人的喜事。（上六爻）“丰其屋”，上天降下灾祸。“窥其户，阒其无人”，自己把自己藏起来，（造成了灾祸）。

旅【卦五十六】火山旅

艮下离上

【原文】

旅[1]，小亨。旅贞吉。

初六：旅琐琐，斯其所取灾[2]。

六二：旅即次，怀其资，得童仆，贞。

九三：旅焚其次[3]，丧其童仆贞，贞厉。

九四：旅于处，得其资斧[4]，我心不快。

六五：射雉，一矢亡，终以誉命。

上九：鸟焚其巢，旅人先笑后号咷，丧牛于易，凶。

【注释】

①旅：本卦下艮上离，分别代表山与火，表现的是山上有火的现象，有去其所居之象，所以称为“旅”。②斯其所取灾：自取其祸的意思。③焚其次：焚烧了自己的居所。次，旅舍。④资斧：这里指钱财。

【译文】

旅卦，小亨通，旅行的时候坚守正道才可以吉祥。

初六爻，旅行的时候计较烦琐的小事，自己引来灾祸。

六二爻，旅行的时候有地方可以住，身上有财物，得到童仆的真诚服侍。

九三爻，旅行的时候烧掉了自己的居所，丧失了童仆的真诚帮助，贞问的结果是有危险。

九四爻，在异国他乡旅行，有自己的住所，得到了财物，心里还是不快乐。

六五爻，射中了野鸡，虽然丢失了一个箭矢，最终得到了美誉和爵命。

上九爻，鸟儿焚毁了它的巢穴，旅人先笑后又大哭，丧失了自己如牛一般的至顺之德，有凶险。

【原文】

《彖》曰：旅“小亨”，柔得中乎外[①]而顺乎刚，止而丽乎明[②]，是以“小亨。旅贞吉”也。旅之时义大矣哉。

《象》曰：山上有火，旅。君子以明慎用刑而不留狱[③]。“旅琐琐”，志穷灾也。“得童仆，贞”，终无尤也。“旅焚其次”，亦以伤矣。以旅与下，其义丧也。“旅于处”，未得位也。“得其资斧”，心未快也。“终以誉命”，上逮也。以旅在上，其义焚也。“丧牛于易”，终莫之闻也。

【注释】

①柔得中乎外：“六五”以阴爻居于外卦中位，所以称“柔得中乎外”。②止而丽乎明：旅卦下卦艮代表山，为止；上卦离代表日，为明。丽，依附。③留狱：形容办案拖拉，致使案件滞留。

【译文】

《彖传》说：旅卦，小亨通。（阴爻六五以柔居外卦之中），是柔得中与外，（阳爻上九为刚，六五居其下），是柔顺于刚。（下艮上离，艮为止，离为明），以静止之性附丽于光明，因此旅行的人得到小的亨通。旅卦把握好时机的意义真是重大啊！

《象传》说：山上燃烧着火光，是旅卦。君子应该慎用刑罚，不能滞留案件。（初六爻）“旅琐琐”，是因为志向穷尽带来的灾祸。（六二爻）“得童仆，贞”，所以终究无悔恨之事。（九三爻）“旅焚其次”，非常忧伤。视童仆如旅人，童仆也会离开。（九四爻）“旅于处”，还在穷处不得志，即使“得其资斧”，心里也是不高兴的。（六五爻）“终以誉命”，其声望已经非常高。（上九爻）旅人已处于高位，还一副高高在上的样子，必然会受焚烧之苦。“丧牛于易”，终究会带来无可挽回的悲剧结局。

巽【卦五十七】巽为风

巽下巽上

【原文】

巽[1]，小亨。利有攸往，利见大人。

初六：进退，利武人之贞。

九二：巽在床下[2]，用史巫[3]纷若[4]，吉无咎。

九三：频巽，吝。

六四：悔亡，田获三品。

九五：贞吉，悔亡，无不利。无初有终，先庚三日，后庚三日。吉。

上九：巽在床下，丧其资斧。贞凶。

【注释】

①巽：本卦为同卦相叠，上下均为巽、为风。巽的意义为入，是深入内里。②巽在床下：钻进床底下，这里比喻深入地调查研究，以更好地申命行事。③史巫：古时史掌卜筮，占卜吉凶；巫掌祓禳，消除灾害。④纷若：形容纷乱的样子。

【译文】

巽卦，小亨通，有利于行动，有利于道德地位高的人出现。

初六爻，进退不定，有利于刚武之人坚守刚强之志。

九二爻，钻进床底下，借助史巫的力量禳除灾祸（深入调查研究以掌握真相，并周到地行事），吉祥，没有灾患。

九三爻，反复地申命行事，就会有麻烦。

六四爻，悔恨消失，打猎的时候收获很多。

九五爻，固守贞正，悔恨就会消亡，无所不利。不必重视开始，最重要的是有一个结果。法令在公布之前做好充分的调研和准备，就能够获得吉祥。

上九爻，钻进床底下（查之甚深），丢失了钱财（这里指丧失了应变从权的能力），固执下去就会有凶险。

【原文】

《彖》曰：重巽以申命[①]，刚巽乎中正[②]而志行，柔皆顺乎刚，是以“小亨。利有攸往，利见大人”。

《象》曰：随风[③]，巽。君子以申命行事。“进退”，志疑也。“利武人之贞”，志治也。“纷若”之“吉”，得中也。“频巽”之“吝”，志穷也。“田获三品”，有功也。九五之“吉”，位正中也。“巽在床下”，上穷也。“丧其资斧”，正乎凶也。

【注释】

①申命：一再申明、强调意旨。②刚巽乎中正：巽卦下卦中位九二

爻为阳，上卦中位九五爻也为阳，且都处在阳位上，所以称“刚巽乎中正”。③随风：巽卦上下两卦都为巽，都代表风，故名。

【译文】

《彖传》说：（上巽下巽，巽为风），两巽相重来重申上面的命令。（九二、九五以阳爻居上下卦之中，为刚。巽是入之意），阳刚随风入于中正之位而志向于前行，阴柔都顺从于阳刚，所以“小亨。利有攸往，利见大人”。

《象传》说：两风相重，是巽卦。发布命令前，君子应该先行对百姓进行告诫叮咛，然后再去行动。（初六爻）“进退”，是因为它犹豫不决。“利武人之贞”，是因为它志向坚定。（九二爻）“纷若”之“吉”，是因为它得到了中正的位置。（九三爻）“频巽”之“吝”，是因为它的志意已穷，毫无办法。（六四爻）“田获三品”，意味着它行事有功。九五爻中的“吉祥”，是因为处于中正的位置。（上九爻）“巽在床下”，处于穷极之地，已无路可走。“丧其资斧”，固守此道就只剩凶险了。

兑【卦五十八】兑为泽

兑下兑上

【原文】

兑[①]，亨，利贞。

初九：和兑[②]，吉。

九二，孚兑，吉，悔亡。

六三：来兑，凶。

九四：商兑未宁[③]，介疾有喜[④]。

九五：孚于剥，有厉。

上六：引兑。

【注释】

①兑：本卦上下卦均为兑、为泽，表现的是两泽相交的景象，象征着上下和睦、朋友友善的良好状态，是值得人喜悦的事情。所以称为“兑”。②和兑：形容和气喜悦的样子。③商兑未宁：不以正道则不悦，即使悦，也要在心中保持警惕。④介疾有喜：只有这样介然守正，虽然有病，终会痊愈。

【译文】

兑卦，亨通，坚守正道则有利。

初九爻，和气喜悦，吉祥。

九二爻，诚信喜悦，吉祥，悔恨便会消亡。

六三爻，向外（初九、九二）求悦，有凶险。

九四爻，悦之不以正道则不悦，即使悦，也要在心中保持警惕，只有这样介然守正，虽然近于疾病，终不可为其所侵，疾病终会离去。

九五爻，相信小人的巧言令色，一定会有危险。

上六爻，诱人来悦（上六以柔居柔，静处而诱阳来悦）。

【原文】

《彖》曰：兑，说也。刚中而柔外[①]，说以利贞，是以顺乎天而应乎人。说以先[②]民，民忘其劳；说以犯难[③]，民忘其死。说之大，民劝矣哉！

《象》曰：丽泽[④]，兑。君子以朋友讲习。“和兑”之“吉”，行未疑也。“孚兑”之“吉”，信志[⑤]也。“来兑”之“凶”，位不当也。九四之“喜”，有庆也。“孚于剥”，位正当也。上六“引兑”，未光也。

【注释】

①刚中而柔外：从兑卦的卦象上看，上下两卦中位“九二”和“九五”都为阳、为刚，其上的两爻“六三”和“上六”都为阴、为柔，所以

称“刚中而柔外”。②先：做在前面。③犯难：遇到困难、战争等。④丽泽：形容两泽相连的样子。丽，相互依附。⑤信志：志存信实。

【译文】

《彖传》说：兑卦，喜悦。（九二、九五为阳爻、为刚，居上下卦的中位。六三、上六为阴爻、为柔，居九二、九五之外），阳刚为中位而阴柔为外位，使人喜悦而“利贞”，因而得以顺应天命而应于人心。平时注意使民众安居乐业，民众就能忘记其劳苦；遇到战争时，根据民众是否赞成来决定是否打仗，民众就可以忘记死亡。愉悦的意义非常重大，民众就这样被劝勉了啊！

《象传》说：两泽相连，是兑卦。君子可以在朋友之间讲习学问，彼此切磋。（初九爻）“和兑”之“吉”，是因为这种行为没有什么过失。（九二爻）“孚兑”之“吉”，是因为志存信实。（六三爻）“来兑”之“凶”，是因为它没有处于中位的缘故。九四爻的“喜”，是影响天下人的好事。（九五爻）“孚于剥”，是因为它居于中正之位。上六爻诱人来悦，其坏作用并没有产生大的影响。

涣【卦五十九】风水涣

坎下巽上

【原文】

涣①，亨。王假有庙②，利涉大川，利贞。

初六：用拯马壮，吉。

九二：涣奔其机③，悔亡。

六三：涣其躬，无悔。

六四：涣其群，元吉。涣有丘，匪夷所思。

九五：涣汗[4]其大号，涣王居，无咎。

上九：涣其血[5]，去逖[6]出，无咎。

【注释】

①涣：本卦下卦为坎、为水，上卦为巽、为风，表现的是风在水的上面，水遇风则涣散，所以称为“涣”。②王假有庙：君王到宗庙前祭祀，以凝聚天下人心。庙，宗庙。③涣奔其机：从危险的地方回到安稳的地方。④涣汗：流汗。⑤血：形容人体受到伤害。⑥逖（tì）：远离。

【译文】

涣卦，亨通。贤明的君王在宗庙祈福，有利于跋涉大川，利于坚守正道。

初六爻，借用强壮的马匹去远方，吉利。

九二爻，急速离开险境到安全的地方去，悔恨便会消亡。

六三爻，散去自己的私心，自己就没有悔恨。

六四爻，尽散朋党，大吉大利。把小群变成大群（凝聚天下人），这是一般人所不能思虑到的。

九五爻，像人体出一身大汗、将风寒散去一样，国家也要革旧布新，除去积弊。这只有天子诸侯能够做到，可以无灾祸。

上九爻，将郁结在身体里的疾病散去，并远远地避开它，没有灾祸。

【原文】

《彖》曰：涣，亨，刚来而不穷，柔得位乎外而上同。“王假有庙”，王乃在中也[1]。“利涉大川”，乘木有功[2]也。

《象》曰：风行水上，涣。先王以享于帝，立庙[3]。初六之“吉”，顺也。“涣奔其机”，得愿也。“涣其躬”，志在外也。“涣其群，元吉”，光大也。“王居，无咎”，正位也。“涣其血”，远害也。

【注释】

①王乃在中也：指“九五”象征着至尊，而又位于上卦的中位，并且

是阳爻居于阳位上。②乘木有功：木在水面上漂浮，象征着可以借助木舟顺利过河。③先王以享于帝，立庙：先王观风行水上之象，悟知散中有聚之理，故“享帝”“立庙”，以归系天下人心。

【译文】

《彖传》说：涣卦，亨通。（九二、九五为阳爻、为刚）阳刚来而不穷困，（六四为阴爻、为柔，居阴位，与九五相比而相配合），阴柔位于外面并且和上面同心同德。“王假有庙”，（九五居上卦之中位，是君王之位），君王处于中位。“利涉大川”，（下坎上巽，坎为水，巽为木），乘舟可以涉川。

《象传》说：风行水上，是涣卦。先王观此象，乃祭祀上帝，建立宗庙以凝聚人心。初六爻之所以会吉祥，是因为它能够顺应时机。（九二爻）“涣奔其机”，是其愿望得以实现的缘故。（六三爻）“涣其躬”，（能够忘身殉上），是因为它的志向在外面。（六四爻）“涣其群，元吉”，因其品行光明正大，影响广大。（九五爻）“王居，无咎”，因为处于中位。（上九爻）“涣其血”，远离灾祸。

节【卦六十】水泽节

兑下坎上

【原文】

节[1]，亨。苦节，不可贞[2]。

初九：不出户庭[3]，无咎。

九二：不出门庭，凶。

六三：不节若[4]，则嗟若。无咎。

六四：安节[5]，亨。

九五：甘节[⑥]，吉。往有尚。

上六：苦节，贞凶，悔亡。

【注释】

①节：本卦下卦为兑，代表泽，上卦为坎，代表水，表示水在泽上，即涨水之象，所以应修建堤坝对其加以约束和节制。节，约束。②苦节，不可贞：过于节制，失于中道，便不可以长久。③户庭：院门。④不节若：如果不加以节制的话。若，句尾语气助词，无实义。⑤安节：指安于节制。⑥甘节：恰到好处地节制。

【译文】

节卦，亨通。过分节制便无法长久。

初九爻，不出院门，没有灾患。

九二爻，不出房门，就会有凶险。

六三爻，虽然不知道节制，但能幡然悔恨，没有灾患。

六四爻，安于节制（遵循成法，谨慎行事），亨通。

九五爻，恰到好处地节制，吉祥，前行一定会受到尊尚。

上六爻，过分节制，会有凶险，如果对此有悔恨，凶险就会消亡。

【原文】

《彖》曰：节"亨"，刚柔分而刚得中。"苦节，不可贞"，其道穷也。说以行险[①]，当位以节，中正以通。天地节而四时成。节以制度[②]，不伤财，不害民。

《象》曰：泽上有水，节。君子以制数度[③]，议德行。"不出户庭"，知通塞也。"不出门庭，凶"，失时极也。"不节"之"嗟"，又谁咎也！"安节"之"亨"，承上道也。"甘节"之"吉"，居位中也。"苦节，贞凶"，其道穷也。

【注释】

①说以行险：兑在内卦表"悦"，坎在外卦表"险"，所以说"说以行险"。②节以制度：指将节度作为制定各种制度的基本原则。③数

度：指相关的法律礼仪。数，礼仪。度，法律。

【译文】

《彖传》说：节卦，亨通。（节卦下兑上坎，坎为阳卦、为刚，兑为阴卦、为柔，其中九二、九五为阳爻、为刚，居中得正），刚柔分明，阳刚位于中位。“苦节，不可贞”，它的道是趋于困穷的。（兑为悦，坎为险），保持愉悦的心情去走险境，（九五以阳刚居上体之中位），在自己的位置上知道有所节制，坚持中正之道就能够亨通。天地有节度才能够生成四季，用节度以制定各种法度，才能够不浪费财物，不伤害民众。

《象传》说：泽上有水，是节卦。君子应该制定各种法律礼仪制度，议定评判道德的准则。（初九爻）“不出户庭”，已经知道是否行得通。（九二爻）“不出门庭，凶”，（到了该行动的时候，不行动），失掉了当时的正道。（六三爻）不懂节制，终于幡然悔悟，又有谁能够怪罪它呢？（六四爻）“安节”之“亨”，是因为它继承了九五刚中之道。（九五爻）“甘节”之“吉”，是因为它处于中正的位置。（上六爻）“苦节，贞凶”，已到穷途末路。

中孚【卦六十一】风泽中孚

兑下巽上

【原文】

中孚[①]，豚鱼吉。利涉大川，利贞。

初九：虞吉。有它不燕[②]。

九二：鸣鹤在阴[③]，其子和之。我有好爵，吾与尔靡[④]之。

六三：得敌[⑤]，或鼓或罢，或泣或歌。

六四：月几望，马匹亡，无咎。

九五：有孚挛如[⑥]，无咎。

上九：翰音[⑦]登于天，贞凶。

【注释】

①中孚：本卦下卦为兑、为泽，上卦为巽、为风，表现的是风在泽之上，形成风气波涌的气象。中孚卦象征着君子应以诚信立身，进而教化天下。而本卦上下两卦均有两条阳爻，将两条阴爻括在中间，其中“九二”与“九五”都是阳爻居中，表示虚心接纳的意思，是居中以发，所以称“中孚”。②燕：安闲。③阴：通“荫”，幽深的地方。④靡：共享，同享。⑤得敌：依赖与他匹配的人。敌，这里是匹、配的意思。⑥挛如：形容捆绑得很紧的样子。⑦翰音：声音飞得很高。

【译文】

中孚卦，连无知的豚鱼都能被感动，而孚信之，吉。利于渡过危难，坚守正道则有利。

初九爻，安静自处，可获得吉利，别有所求则会导致不安。

九二爻，山阴处的鹤一鸣叫，它的同类就会应和它。我有好酒，愿与你分享。

六三爻，依赖与他匹配的人，人家击鼓他也击鼓，人家不击鼓他也不击鼓；人家哭泣他也哭泣，人高歌他也高歌。

六四爻，月亮将圆而犹未盈，马匹丢失了同伴（六四绝初九之系，而上从九五），没有灾患。

九五爻，有诚信的人，因为心系天下而得到天下人的应和，因而没有灾祸。

上九爻，飞鸟叫声达于高处，贞固于此则有凶险。

【原文】

《彖》曰：中孚，柔在内而刚得中，说而巽[①]，孚乃化邦[②]也。“豚鱼吉”，信及豚鱼也。“利涉大川”，乘木舟虚也。中孚以利贞，乃应乎天也。

《象》曰：泽上有风，中孚。君子以议狱[③]缓死。初九

“虞吉”，志未变也。“其子和之”，中心愿也。“或鼓或罢”，位不当也。“马匹亡”，绝类上也。“有孚挛如”，位正当也。“翰音登于天”，何可长也？

【注释】

①说而巽：中孚下卦为兑，意为“喜悦”，上卦为巽，意为“谦逊”。②孚乃化邦：用诚信的品德教化邦国之内的臣民。孚，诚信。化，教化。邦，国。③议狱：指审议刑事案件。议，审议、评估。狱，刑狱诉讼案件。

【译文】

《彖传》说：中孚卦，（内部两爻为阴爻，外面四爻为阳爻，九二、九五阳爻居中得正），阴柔在内，阳刚居中得正，（下兑上巽，兑为悦，巽为顺），悦而顺，这样的诚信可以教化邦国。“豚鱼吉”，是说诚信广泛传播，已经感动到了无知的豚鱼。“利涉大川”，乘坐中空的木船，（安全无虞）。坚守诚信，坚持正道，就顺应了天道。

《象传》说：泽上有风，是中孚卦。君子应该慎重地审议刑事诉讼案件，减缓死刑。初九爻的“虞吉”，是（自信自安自守），志向从未改变的缘故。（九二爻）“其子和之”，是出于中心之愿。（六三爻）“或鼓或罢”，是六三爻居位不正的原因。（六四爻）“马匹亡”，断绝与同类（初九）交往，而从于九五。（九五爻）“有孚挛如”，是由于居于中位。（上九爻）“翰音登于天”，怎么可能保持长久呢？

小过【卦六十二】雷山小过

【原文】

小过[1]，亨，利贞。可小事[2]，不可大事。飞鸟遗[3]之音，不宜上宜下，大吉。

初六：飞鸟以凶。

六二：过其祖，遇其妣[4]。不及其君，遇其臣。无咎。

九三：弗过防之，从或戕之。凶。

九四：无咎。弗过遇之，往厉必戒，勿用永贞。

六五：密云不雨，自我西郊。公弋取彼在穴。

上六：弗遇过之，飞鸟离之。凶，是谓灾眚[5]。

【注释】

①小过：本卦下卦为艮，代表山；上卦为震，代表雷声。雷在山上，其声高于常，是为小过。②可小事：指有利于做除祭祀和战争之外的任何事情。在周代，祭祀和战争一般被看作“大事”，其他的都是“小事”。③遗（wèi）：留下。④遇其妣：礼遇他的祖姑。在古代，孙妇祔于祖姑，与祖姑同列。祖姑指丈夫的祖母。⑤灾眚（shěng）：灾祸。

【译文】

小过卦，亨通，利于坚持正道。可以做小事，不可做大事。飞鸟只留下好音，不可向上飞，宜于向下飞，大吉。

初六爻，飞鸟从空中飞过（处于初六的境地，不当飞而飞），凶兆。

六二爻，向上行经过他的祖父（九四爻），遇见了他的祖姑（六五爻）。没有遇到君王，却遇到他的臣子，没有祸害。

九三爻，没有过错，也要做好预防，如果放纵就会被戕害，凶兆。

九四爻，没有祸患。（阳爻居阴位），不恃刚强，正适合其宜。不要行动，否则就有危厉，要随时处顺，不可固守其常。

六五爻，乌云密布却没有下雨，它们从西郊飘来。王公射箭猎取藏在洞中的野兽。

上六爻，飞得过高而不知止，飞鸟就会遭遇网罗，有凶险，这就是所谓的灾祸了。

【原文】

《彖》曰：小过，小者过[①]而“亨”也。过以“利贞”，与时行[②]也。柔得中，是以“小事”吉也。刚失位而不中，是以“不可大事”也。有飞鸟之象焉，“飞鸟遗之音，不宜上宜下，大吉”，上逆而下顺也。

《象》曰：山上有雷，小过。君子以行过乎[③]恭，丧过乎哀，用过乎俭。“飞鸟以凶”，不可如何也。“不及其君”，臣不可过也。“从或戕之”，凶如何也！“弗过遇之”，位不当也。“往厉必戒”，终不可长也。“密云不雨”，已上也。“弗遇过之”，已亢也。

【注释】

①小者过：小有所过。②与时行：按着当下的时机做正常的事情，也就是按时机做事的意思。③乎：于。

【译文】

《彖传》说：小过卦，小有所过，亨通。稍过一点而利于正，是因为能按时机做事。（小过卦六二、六五都为阴爻，居于上下卦中位），阴柔得到中正地位，所以做“小事”才能够吉祥。因为阳刚位置不对而无法实现中正，所以“不可大事”。有飞鸟之象，“飞鸟遗之音，不宜上宜下，大吉”，因为向上逆理而向下顺理。

《象传》说：山上有雷，是小过卦。君子因此在行动时过于恭敬，遇到丧事时过于悲伤，在日常用度上过于节俭。（初六爻）“飞鸟以凶”，是说这是无能为力的事情。（六二爻）“不及其君”，是因为臣不可以过君。（九三爻）“从或戕之”，是多么凶险啊！（九四爻）“弗过遇之”，是说其位置不当。“往厉必戒”，终不可以长久。（六五爻）“密云不雨”，阴气已经在上，（阴气的势力超过了阳气，造成阴阳不合，无法化雨）。（上六爻）“弗遇过之”，过之不能更过了。

既济【卦六十三】水火既济

离下坎上

【原文】

既济[1]，亨小，利贞。初吉终乱。

初九：曳其轮，濡其尾[2]。无咎。

六二：妇丧其茀[3]，勿逐，七日得。

九三：高宗伐鬼方，三年克之。小人勿用。

六四：繻有衣袽[4]，终日戒。

九五：东邻杀牛，不如西邻之禴祭，实受其福。

上六：濡其首，厉。

【注释】

①既济：本卦表示的是上水下火的意象，象征着救火之事注定能够走向成功。②尾：尾巴。③丧其茀（fú）：丢失了车蔽。茀，古代妇女乘车不露于世，车子前后都设幛以自隐蔽。④繻（rú）有衣袽（rú）：船渗漏时有破旧的衣服塞之。繻，渗漏。衣袽，指破衣烂衫。

【译文】

既济卦，亨通，利于坚持正道。刚开始吉利，结果会乱。

初九爻，向后拽着车子（使其不再前进），（小狐狸过河，必揭其尾，如今却）湿了尾巴，（不克济），无害。

六二爻，妇女丢失车蔽，（便不能出门），不用寻找，七天之内就能够得到。

九三爻，殷国国君武丁征讨鬼方部落，用了三年的时间才攻克。不要任用小人，（小人一定无法完成）。

六四爻，舟船渗漏时有破布袍，每天都要戒备坏事情的发生。

九五爻，东邻杀牛祭祀，不如西邻的薄祭，心灵虔诚就能得到神的保佑。

上六爻，（狐狸涉水时），水濡湿了它的头，凶兆。

【原文】

《彖》曰：既济“亨”，小者亨也。“利贞”，刚柔正而位当也。“初吉”，柔得中也。终止则乱，其道穷也。

《象》曰：水在火上，既济。君子以思患而豫防之。“曳其轮”，义无咎也。“七日得”，以中道也。“三年克之”，惫也。“终日戒”，有所疑也。“东邻杀牛”，不如西邻之时也。“实受其福”，吉大来也。“濡其首，厉”，何可久也？

【译文】

《彖传》说：既济卦，亨通，小者亨通。“利贞”，（既济卦离下坎上，坎为阳卦，为刚；离为阴卦，为柔。刚上柔下。九五是阳爻居阳位，六二为阴爻居阴位），刚柔正而位置恰当。“初吉”，是因为柔（六二）居于（下卦）中位。到终局懈怠时，则生乱，它的路也就穷尽了。

《象传》说：水在火上，是既济卦。君子应该考虑到隐患而事先预防。（初九爻）“曳其轮”，是说其道本来是无害的。（六二爻）“七日得”，是坚持中道的原因。（九三爻）“三年克之”，是说仗打得很辛苦，很疲惫。（六四爻）“终日戒”，是说心中猜疑（祸患已经临近）。（九五爻）“东邻杀牛”，不如西邻掌握好祭祀的时机。“实受其福”，福气会不求自来。（上六爻）“濡其首，厉”，这种局面怎么能够长久呢？

未济【卦六十四】火水未济

坎下离上

【原文】

未济[①]，亨。小狐汔济[②]，濡其尾，无攸利。

初六：濡其尾，吝。

九二：曳其轮，贞吉。

六三：未济，征凶。利涉大川。

九四：贞吉，悔亡。震用伐鬼方，三年有赏于大国。

六五：贞吉，无悔。君子之光，有孚。吉。

上九：有孚于饮酒，无咎。濡其首，有孚失是。

【注释】

①未济：本卦表现的是下水上火的景象，火向上而水向下，不相为用，且六爻都不当位，故名。②小狐汔（qì）济：小狐狸将要成功过河。汔，几。济，过河。

【译文】

未济卦，亨通。小狐狸几乎要渡过了大河，结果湿了尾巴，无所利。

初六爻，湿了小狐狸的尾巴，有困难。

九二爻，向后拽着车轮，让车无法快进，坚持中正就能吉祥。

六三爻，没有成功渡河，贸然前进会带来凶险。不过有利于渡过人生难关。

九四爻，坚持正道就能够得到吉祥，悔恨也会随之消亡。（周人）奉命征伐鬼方部落，用了三年时间才获得胜利，获得大国（殷商）的赏赐。

六五爻，位置中正吉祥，没有悔恨。君子的品德，因为诚信而获得吉祥。

上九爻，有诚信而饮酒，不会招来灾祸。如果酗酒连头发都弄湿了，虽有诚信，也不正确。

【原文】

《象》曰：未济“亨”，柔得中也。“小狐汔济”，未出

中也[①]。"濡其尾，无攸利"，不续终也。虽不当位，刚柔应也。

《象》曰：火在水上，未济。君子以慎辨物[②]居方。"濡其尾"，亦不知极[③]也。九二"贞吉"，中以行正也。"未济，征凶"，位不当也。"贞吉，悔亡"，志行也。"君子之光"，其晖吉也。饮酒"濡首"，亦不知节也。

【注释】

①未出中也：指九二爻还在坎险之中。本来它与六五正应，能够处于未济将济之时，能够成功出险，但九二是阳爻，阳刚在这一卦里都失了位，发挥不了作用。②辨物：分辨事物的种类。③极：最终的方向，结果。

【译文】

《彖传》说：未济卦，亨通，阴柔处于中位（指六五爻）。"小狐汔济"，是说（九二）没有走出险境，"濡其尾，无攸利"，是说头尾不能相续，有始无终。（未济卦中的初六、六三、六五皆为阴爻居阳位，九二、九四、上九皆为阳爻居阴位），虽然都处在不恰当的位置上，但刚柔还是相应的。

《象传》说：火在水上，是未济卦。君子应该慎重分辨事物的种类，使其各居其所。（初六爻）"濡其尾"，（开始时就如此莽撞），不知其结果会如何。九二爻，"贞吉"，是说它处在中位，做得也正确。（六三爻）"未济，征凶"，是说所处位置不恰当。（九四爻）"贞吉，悔亡"，是说志向一定能够实现。（六五爻）"君子之光"，它的光辉影响广大。（上九爻）饮酒"濡首"，也是不知道节制。